AF198318

Das Buch

»Streifzüge« ist ein literarischer Sammelband. Er führt den Leser in die emotionalen Verwirrungen des menschlichen Lebens. Dabei vermischt er die Grenzen der literarischen Gattung ebenso wie die des Genres.

»Streifzüge« führt den Leser durch Höhen und Tiefen der menschlichen Existenz: Trennung und Einsamkeit, Entspannung und Ruhe, der Umgang mit dem Fremden, die Suche nach Freundschaft, Liebe, Sex, Hass, Verachtung und der Wunsch nach Vergeltung.

Der Autor

Marco Schlesiger wurde am 12. Juni 1982 in Gerolstein geboren. Bereits im Alter von 14 Jahren entdeckte er das Schreiben für sich. Sein künstlerisches Talent entfaltete er in den folgenden Jahren durch erste Schreibprojekte sowie als Ensemblemitglied in verschiedenen Theater- und Musicalproduktionen. Später studierte er Germanistik, Politikwissenschaft, Diplomacy und Wirtschaftsrecht. Er arbeitete u.a. als freier Texter, wissenschaftlicher Mitarbeiter, Spieleautor, Trainer und freier Dozent, Consultant, Coach und Gewerkschaftssekretär.

Als Autor ist Marco Schlesiger äußerst vielseitig. Er schreibt nicht nur Gedichte, Fabeln und Kurzgeschichten, er bedient auch gern andere Genres. Aktuell arbeitet er an seinem ersten Roman, einem Kinderbuch, einem Theaterstück und einem Buch zum Thema „Hochsensibilität". Sein erstes Buch wurde bereits 2008 veröffentlicht.

Marco Schlesiger

Streifzüge

Literarischer Sammelband

© 2016 Marco Schlesiger

Umschlag: Marco Schlesiger

Lektorat, Korrektorat: Marco Schlesiger

Bildnachweis Umschlag: fxxu @ pixabay.de

1. Auflage: November 2016

Verlag: tredition GmbH, Hamburg

ISBN

Paperback   978-3-7345-6561-8

Hardcover   978-3-7345-6562-5

e-Book   978-3-7345-6563-2

Printed in Germany

Danke an die Welt, die mich mit ihren Facetten und Ereignissen täglich inspiriert, mir meine eigenen Welten zu erschaffen.

Für die Menschen, die an mich glauben - auch dann, wenn ich es selbst nicht tue.

Inhaltsverzeichnis

Vorwort

Lieber Leser,

jeder Autor kämpft Zeit seines Lebens mit sich und seinen Geschichten. Er kämpft mit seinem eigenen Anspruch und den kreativen Geistern, die ihn zu seiner Arbeit inspirieren. Er kämpft mit seinem Perfektionismus und der Sorge, dass die Leser seine Geschichten nicht mögen könnten. Glaubt man den Worten vieler erfolgreicher Autoren, dann ist kaum Einer gänzlich zufrieden mit dem Resultat.

Ich habe bereits vier Bücher geschrieben, doch ist „Streifzüge" erst meine zweite Veröffentlichung. Mit „Streifzüge" entschied ich mich zu einem Sammelband, der alle meine bisherigen „kleinen" Arbeiten – egal ob Gedichte oder Kurzgeschichten – zusammenfasst. Auch entschied ich mich, die Fabeln, Märchen und Metaphern, die ich im Rahmen meiner Tätigkeit als Hypnotiseur und Coach für meine Klienten schrieb, mit einzubringen.

Auch wenn „Streifzüge" nicht mein erstes Buch ist, so ist es doch Ausdruck meines eigenen Kampfes mit dem Schreiben. Das Schreiben ist für mich eine Leidenschaft, die mit Frust, Qual und Verzweiflung, aber auch mit Liebe, Faszination und Begeisterung verbunden ist – genau jene Bandbreite der menschlichen Gefühle, die ich in diesem Buch in all seinen Facetten darstellen möchte.

Ich wurde schon oft gefragt, ob die Texte in diesem Buch autobiographisch beeinflusst sind. Natürlich gibt es Ereignisse, Personen oder andere Impulse, die einen mehr oder weniger großen Stellenwert in der Arbeit eines Autors einnehmen. Aber nicht jede Geschichte wird durch solche Elemente beherrscht. Vieles ist auch einfach nur der eigenen Fantasie entsprungen oder so stark abgewandelt, dass die Realität darin kaum noch einen Platz hat. Ob und inwiefern diese Texte in diesem Buch autobiographisch beeinflusst sind, überlasse ich daher Deiner Fantasie, lieber Leser.

Gedichte

Eine Nacht, die so besonders war

Eine Nacht, die so besonders war,
als du das Licht der Welt erblickt'.
Eine Nacht voll Schmerz und Angst es war,
bis der Herr Gott dich zu mir geschickt.

Und als du in meinen Armen lagst,
wusst' ich schnell: mein Leben das macht Sinn.
Ich sah' den Blick, den du mir gabst,
die Augen schwarz, ich schmolz dahin.

Eine Nacht, die so besonders war,
weil du dich auf den Weg gemacht,
du kämpftest schwer, und wolltest her,
doch beinah du verloren warst.

Eine Nacht, die so besonders war,
unvergesslich bleibt in meinem Herz,
denn was ich erfüllt vom Glücke sah,
brannte tief in mir wie heißer Schmerz.

Ich seh' dich vor mir jeden Tag
und wünsch' mir doch so oft ...
die Unschuld, die du mir hast gebracht,
genauso, wie in jener Nacht.
Eine Nacht, die so besonders war.

Bis hin zum letzten Atemzug

Gebor'n in einer kalten Nacht,
vorgezeichnet war mein Weg
voll Schmerz und Kampf um jene Macht,
einsam auf des Liebes' Steg.

Aufgewachsen in den Trümmern
einer toten Liebelei,
fand ich weder Flucht noch Wimmern
für den Schmerz des Wiegeleins.

Trug das Leid der Eltern wegen,
ohne Hoffnung auf das Glück
fehlte mir des Herzens' Segen,
Tag um Tag mit jedem Stück.

So ging der Kampf, so hart wie Stahl
- und kalt wie des Todes Ruf   -
doch merkt' ich bald, wie dumpf und fahl
mein Leben war mit dieser Such'.

Heut' doch weiß ich sehr genau,
dass ich im Herzen rein und klar,
auch wenn ich wirk' oft sanft und rau,
ich kämpf', bis ich dem Tode nah.

Und so geh' ich meinen Weg,
geführt von Glut der Leidenschaft,
einsam in des Herzens' Krieg -
bis hin zum letzten Atemzug.

Die Welt am Morgen

Morgens, wenn die Sonn' erwacht
und ihr gold'ner Schein ... sanft
küsst den kühlen Morgentau,
so schenkt der Sonne Kuss ...
der Mutter Erde neue Pracht.

Ein Nebelteppich liegt bereit,
so wunderschön und klar
die Welt doch ist am Morgen –
gänzlich ... einfach wunderbar!

Und wenn ich schau' vom Berg herab,
dann seh' ich auch ...
welch' Ruh' die Welt doch hat.
Und zieh ich los, zum Gipfel hoch -
das Bündel ich mir schnapp.

So wand're ich den Pfad hinauf,
und blick' zum See herab,
still und klar, wie er da ruht,
so nehm' ich einen Atemzug.

Wie kühl der Atem dann auch ist,
so frisch und froh bin ich ja dann,
die kühle Luft auf meiner Haut -
aus tiefster Seel' sie Kraft mir schenkt.
Wie schön die Welt doch ist.

Am Gipfel dann mach' ich die Rast,
und such' den Frieden hier für mich,
und find' ihn gar – so unverhofft.
Wie klein die Welt von hier doch ist.

Nun steh ich hier, so ganz allein,
so friedlich und vollkommen,
ohne Schaden, ohne Angst ...
noch Krieg, noch Tod, noch Neid.
Nur Schönheit, Schein und einfach Sein.

An jenem Ort da ruf' ich laut:
»Ach Herrgott – lass die Welt so sein.«
Und Gottes Wort an mich gericht':
»Dann zerstör' das Paradise nicht.«

Vermissen

Es schmerzt so sehr, dich zu vermissen,
doch noch mehr schmerzt es, nicht zu wissen,
ob dies' Gefühl auch du in dir
verspürst so stark im Herzen hier.
Vermissen.

Es vergeht kein Tag, an dem ich denk',
ob du wohl bald dein Haupte senkst,
ob auch du den Kampfe uns'rer Lippen,
so begehrst – und nun willst nippen,
den süßen Nektar, wunderbar.

Ständig schick ich Botschaft dir,
ständig ruf' ich laut nach dir,
ständig such' ich Wort von dir,
doch eins nur bleibt im Hier bei mir:
Vermissen.

Und wenn ich wart' auf deine Tat,
so dünkt' es mir, auch wenn es hart:
Mein Ruf nach dir bleibt ungehört.
Hast du mir denn auch zugehört?
Vermissen.

Einsam sitz' ich so am Tisch,
leidend und mit Pein,
lass das Denken schweben,
und das Fühlen leben,
und wünscht' mir, du wärst mein.

Ich seh' ein Bild von dir'
gänzlich klar in meinem Kopf,
ein letztes Mal ich müh' mich ab,
bevor ich lass' dich geh'n.
Letztmals Schmerz und Pein ich hab',
dann werd' ich dich nie wieder seh'n.

Eins mit der Natur

Bin doch gar gezwungen,
von all der Arbeit und dem Kampf,
so ist die Welt recht grau verhangen,
bis auch ich zur Ruhe darf.

Und klingt des Baumes' wispern,
wie des warmen Feuers' knistern,
so erfüllt es mich doch stark ...
mit Idyll, die mir behagt.

So spür' ich Ruh' und Leichtigkeit
mit dem Winde im Geäst
und öffne ich die Arme weit,
dann flieg' ich wie der Wind mich trägt.

Und von oben ich betracht'
die Welt im Einklang mit sich selbst,
atme Frieden mit Bedacht,
um eins zu sein mit dieser Welt.

Erreich' ich nun den Himmel
und öffnet sich die Deck',
dann dringt die Sonn' hervor ...
und scheint hinein ins Herzens Tor.

Erfüllt von diesem Glück,
fast wie ein Kuss aus Schöpfers' Hand,
so wachs ich dran, an dieses Band,
die Welt und ich - in einem Stück.

Das Ende einer Liebe

Als ich ging, war es vorbei,
weil du gesagt: Es bleibt dabei!
Was ich empfing, war Schmerz, war Leid,
weil ich versagt, die ganze Zeit.

Als Mann war ich verloren,
als Vater erst geboren,
als Mensch war ich gebrochen,
vor Scham ich mich verkrochen.

Ein neues Leben führte ich
und brauchte Halt ganz ohne dich.
Suchte Schutz gar überall,
doch kam schon bald der nächste Fall.

Erst spät erkannt' ich das Problem,
dass ich nicht brauche irgendwen.
Muss doch erst verzeih'n mir -
... Und nun auch endlich dir.

Die Lieb' du warst in meinem Leben,
einst mir gabst das größt' Geschenk,
drum lass ich dich ganz einfach geh'n -
im Herzen schwerer als ich denk'.

Dies Ende doch ein Anfang ist.
Dem Herzen ist's ein neuer Weg.
So lass' ich los den Schmerze jetzt -
und finde, wem ich Liebe geb'.

Märchen und Fabeln

Die erschöpfte Königin

Es gab einmal eine Königin, die ein sehr großes Reich regierte. Sie war eine sanfte und gutmütige Königin, die bereits in jungem Alter den Thron bestiegen hatte. Und auch wenn die Königin voller Leidenschaft ihren Regierungsgeschäften nachging und nichts von all dem bereute, so musste sie doch erkennen, dass sie einsam war und all jene wichtigen Menschen in ihrem Leben vernachlässigt hatte. Also breitete sich mit jedem Tag zunehmend eine Erschöpfung in ihr aus, weil die Regentschaft dieses großen Königreiches ihr in all den Jahren viel Kraft abgerungen hatte.

Und weil sie nicht wusste, was zu tun war, regierte sie so weiter, bis sie schließlich in einen dumpfen Schlaf der Erschöpfung fiel. Aus Sorge um ihre mutige Königin, riefen ihre Minister die weisesten Berater des Landes herbei, doch niemand konnte der Königin wirklich helfen. Eines Tages eilte jedoch ein Mönch aus einem weit entfernten Kloster ins Schloss. Er betrachtete die Königin eindringlich und sprach ein heilendes Gebet, das die Königin mit einem Mal aus ihrem Schlaf erwachen ließ. Sie strotzte vor Energie und fühlte sich frisch und erholt, so dass sie schon bald wieder die Regierungsgeschäfte aufnahm.

Doch bereits nach wenigen Tagen kehrte der Zustand der Erschöpfung zurück. Also entschied die Königin, selbst den Mönch aufzusuchen. So begab sie sich auf eine Reise an den Rand ihres Königreiches, in die Berge, an einen Ort, der bekannt für seine gesunde Luft war. Doch kurz vor ihrem Ziel erkannte die Königin, dass sie eine Rast brauchte. Also entschied sie sich, an einem klaren Bergsee anzuhalten. Sie setzte sich ans Ufer und betrachtete die

Berge in der Ferne, während sie das Plätschern des Wassers und das Zwitschern der Vögel hörte. Der Geruch von Frühling hing in der Luft und der Wind, der sanft über ihre Haut strich, ließ sie völlig zur Ruhe kommen. Und wie sie weiter so da saß, fühlte sie zum ersten Mal seit langer Zeit wieder eine neu gewonnene Energie, eine Frische und ein Gefühl der Leichtigkeit in sich aufsteigen.

Die Königin nahm einen tiefen Atemzug – so wie du es jetzt auch tun kannst – um die Kraft und Energie, die von diesem Ort ausging, in sich aufzusaugen.

Und während die frische, kühle Bergluft ihre Lungen auffüllte, sah sie auf das Wasser und spürte, wie die Entspannung und die Stille sich nur durch den Blick auf die sanften Wellen noch mehr vergrößerte. Immer mehr vergrößerte.

In diesem Moment war sie mit sich im Reinen.

Doch dann unterbrach eine Stimme die Stille. Ein junger, eleganter Prinz hatte sich zu ihr gesellt und fragte sie, wer sie sei.

»Ich bin die Königin des großen Reiches«, sagte die Königin und betrachtete den jungen Prinzen. Er lächelte sie an.

Weil der Prinz gut erzogen war, begrüßte er die Königin standesgemäß und stieg von seinem Pferd herab.

Und so unterhielten sich die beiden Adeligen eine ganze Weile, so als hätten sie sich schon viele Jahre gekannt und dennoch aus den Augen verloren.

Dann sagte der Prinz plötzlich: »Es würde mich freuen, Sie bald wieder zu sehen. Seien Sie mein Gast.« Er erzählte von einem Fest seines Hofstaates und lud sie dazu ein. Und weil auch die Königin den jungen Prinzen wiedersehen wollte, nahm sie die Einladung des Prinzen dankend an und begleitete ihn auf sein Schloss.

Es war ein berauschendes Fest, so schön und pompös, wie die Königin es selbst noch nie gesehen hatte. Und während die Königin die festliche Atmosphäre auf sich wirken ließ – mit all den glücklichen Menschen, den leckeren Gerüchen vom festlichen Essen und den edlen Essenzen, die Musik und das glückliche Gelächter -, nahm die Königin wahr, wie ein Gefühl des Glücks, der Zufriedenheit und der Leichtigkeit in ihr aufstieg. Diese Reise hatte sie mit Energie und Kraft versorgt, und sie genoss dieses Gefühl in vollen Zügen.

In diesem Moment rief der Kapellmeister des Prinzen das Volk und die Gäste zur Ruhe auf und kündigte den ersten Tanz an. So trat der Prinz an die schöne und glückliche Königin heran und bat sie um diesen Tanz. Und weil er ein so edler und adretter Mann war, nahm sie bereitwillig an.

Und der Prinz war ein guter Tänzer. Jede seiner Bewegungen war so rein und elegant, als sei er mit der Musik verschmolzen. Und weil das so war, bedeutete dies, dass die Energie des Prinzen und sein magisches Band mit dem Rhythmus sich wie in sanften Wellen auch auf die Königin übertrug – so dass auch sie sich leicht und locker fühlte, ganz so als seien sie, der Prinz und die Musik zu einer Kugel des Lichts, voller Energie und Reinheit, voller Entspannung geworden. Und in diesem Moment wurde der Königin klar, welche Auswirkungen diese Reise auf sie hatte und was sie tun musste, um diese Energie, diese Leichtigkeit und dieses Gefühl der Verbundenheit für immer zu erfahren.

Die Schnecke und der Grashüpfer

Es war einmal ein Grashüpfer, der von einem ganz besonderen Ort in der Ferne gehört hatte. Er war fasziniert davon, doch er entschied, sich nicht sofort auf die lange Reise zu begeben. Stattdessen wollte er den Sommer genießen. Und während er dort auf seinem Stein lag, die Sonne genoss und sich entspannte, bemerkte er eine Schnecke, die laut stöhnend an ihm vorbeikroch. Sie trug ihr großes, schweres Haus auf dem Rücken und der Schweiß trieb ihr vor Anstrengung ins Gesicht.

Daraufhin lud der Grashüpfer die Schnecke ein, sich gemeinsam mit ihm auszuruhen. Doch die Schnecke verstand nicht, schließlich war sie auf dem Weg zu einem ganz besonderen Ort und sie hatte noch eine lange Reise vor sich. Und so wanderte die Schnecke schnaubend von der Last ihres Hauses einfach weiter und warf keinen Blick zurück.

Kopfschüttelnd von dieser Dummheit blieb der Grashüpfer liegen, sonnte sich und genoss das Leben. Er musste sich um Nichts kümmern. Und eigentlich hatte er wie die Schnecke an diesen besonderen Ort gewollt, aber nun – nachdem er die Schnecke mit ihrem schweren Haus gesehen hatte – wusste er, dass ihm das viel zu anstrengend war.

Und so kam es, dass der Grashüpfer nicht bemerkte, dass der Winter einzog. Erschrocken fragte er sich, was er tun sollte, denn er hatte keine Vorräte gesammelt oder sich ein Quartier bereitet. Der Grashüpfer war vollkommen unvorbereitet auf den Winter. Und während er sich Gedanken über seine Zukunft machte und den sicheren Tod bereits sicher vor Augen hatte, erblickte er über sich einen Vogel kreisen. Der Vogel kreiste immer wieder und wieder über dem Grashüpfer und mit jedem Male schien er weiter nach unten zu sinken.

Der besorgte Grashüpfer erschrak: Wollte ihn der Vogel etwa fressen? War das nun die Strafe dafür, dass er sich hatte so gehen lassen? Doch zu seiner Überraschung landete der Vogel neben ihm. Er war freundlich und trug ein Briefchen von der Schnecke mit sich.

Der Grashüpfer nahm die Nachricht und las: »Lieber Grashüpfer, ich ahnte, dass du noch immer dort auf deinem Stein liegen würdest – vermutlich halb verhungert und erfroren. Ich jedenfalls bin nach einer langen und beschwerlichen Reise endlich am Ziel unserer Träume angekommen. Und wenn ich das geschafft habe, dann schaffst du das auch. Gezeichnet, die Schnecke.«

Und so nahm der Grashüpfer all seine Kräfte zusammen und hüpfte davon.

Die Giraffe und der Löwe

Einst lebte in der afrikanischen Savanne eine Giraffe. Die Giraffe war groß und stolz, und bis auf wenige Narben ohne jeglichen Makel. Sie lebte alleine, weil ihre Herde vor vielen Jahren einer Bande von Wilderern zum Opfer gefallen war. Sie selbst hatte mit viel Glück überlebt, während ihre Freunde, ihre Geschwister und ihre Eltern einen barbarischen Tod fanden. Aber weil die Giraffe sehr klug war, hatte sie voller Zuversicht gelernt, alleine zu überleben. Sie hatte sich ein Quartier gesucht, von dem aus sie einen weiten Blick über das Land hatte. Dabei half ihr nicht nur ihr langer Hals, die Giraffe besaß auch besonders gute Augen, mit der sie auch weit entfernte Gefahren erkennen konnte. Außerdem verfügte sie über einen sehr guten Geruchssinn, der es ihr ermöglichte, aus sicherer Entfernung jegliche Gefahr zu wittern.

So suchte die Giraffe in jeder Situation nach dem sichersten Weg, um ihr Ziel zu erreichen. Sie ließ stets ihren Blick in die Ferne schweifen und beobachtete aufmerksam, welche Gefahren sich ihr in den Weg stellen würden. Sie sog die Luft ein, um die Witterung ihrer Feinde aufzunehmen, bevor sie diese überhaupt sehen konnte. So trug es sich zu, dass die Giraffe oft viele Stunden darüber nachgrübelte, welchen Weg sie schließlich gehen sollte. Die Giraffe hatte gelernt, ihre Unentschlossenheit zu nutzen.

Und auch wenn die Giraffe so in absoluter Sicherheit lebte, fühlte sie sich dennoch sehr einsam. Die Jahre waren ins Land gegangen und sie hatte es nicht geschafft, sich einer neuen Herde anzuschließen. Sie hatte zwar immer wieder Kontakt zu anderen Giraffen gehabt, doch fiel es ihr schwer, Vertrauen aufzubauen und sich auf diese einzulassen. Dazu hätte sie vieles von all dem, was sie über die Jahre erlernt hatte, aufgeben müssen. Und die Giraffe wusste auch, wie weh es tun konnte, Vertrauen zu schließen. Und so kam es, dass die Herden einfach weiterzogen, während die Giraffe allein zurückblieb.

Eines Tages jedoch zog eine große Dürre über die Savanne herein. Das Wasser wurde knapp und alle Tiere begaben sich auf die Suche nach neuen Revieren. Auch die Giraffe litt unter der Knappheit und so überlegte sie, ob auch sie ihre gewohnte Umgebung verlassen sollte. Denn egal wohin sie schaute, nirgendwo gab es ausreichend Wasser für sie. Also entschied auch die Giraffe, ihr Glück an einer anderen Stelle zu suchen.

Und als sie bereits viele Tage ohne Pause gewandert war, fand die Giraffe ein kleines Wasserloch, welches versteckt hinter einem Busch lag. Sie nahm einen Schluck von diesem kühlen, frischen Nass und genoss diese Erfrischung nach der beschwerlichen Wanderung. Sie spürte, wie sich mit jedem Tropfen des köstlichen Wassers eine völlig unbekannte, aber angenehme Schwere und Entspannung in ihr ausbreitete. Und weil sie dadurch so müde wurde, suchte sie sich ein Plätzchen, an dem sie gefahrlos ruhen konnte. Dort ließ sie sich nieder, streckte ein Hinterbein zur Seite und bog den Hals nach hinten. Dann bettete sie das Kinn wie auf einem sanften Ruhekissen auf ihre Flanke.

Die Giraffe fiel in einen tiefen und entspannten Schlaf. Sie träumte von einer großen Herde, in der sie sich wohl fühlte, und genoss die Nähe der anderen Tiere und die Liebe, die sie daraus empfing. Sie spürte, wie gut es sich anfühlte, andere Tiere um sich herum zu haben. Tiere, die sich um sie sorgten, die sie liebten und mit denen sie alles teilen konnte. Zum ersten Mal seit langer Zeit fühlte sich die Giraffe wieder ausgeglichen.

Als sie bereits ein paar Stunden so geschlafen hatte, schrak die Giraffe plötzlich hoch. Das vertraute Rascheln aus ihrer Kindheit ließ sie aufhorchen. Leise, sanfte Tritte kamen immer näher. Durch ihre offenen Nüstern atmete sie den Geruch des Todes ein, eine Mischung aus Mensch und Blut. Und nur wenige Sekunden später hatte sich die Gefahr vor ihr aufgebaut.

Stolz standen die Wilderer mit angelegten Flinten vor ihr. Sie hörte, wie die Männer ihre Schönheit bewunderten und wie sie bereits das Ende ihrer Beute feierten. Und auch wenn die Giraffe genau wusste, dass ihr Ende so nah war, blieb sie vollkommen ruhig und gelassen. Denn sie hatte gelernt, Niemandem ihre Gefühlswelt zu offenbaren – auch dann nicht, wenn die Gefahr am größten war.

Das Fauchen kam derart schnell, dass die Männer nicht reagieren konnten. Der Löwe sprang aus seinem Versteck hervor, warf sich auf einen der Wilderer und tötete ihn, bevor er sich das nächste Opfer suchte. Vor Schreck traten die anderen Wilderer sofort die Flucht an.

Majestätisch schritt der Löwe auf die Giraffe zu, während er sie genau im Auge behielt. Er trat so nahe, dass sich ihre Schnauzen schon fast berührten. Die Stille zwischen den beiden war gespenstisch.

Dann brach der Löwe das Schweigen. »Geht es dir gut?«

Die Giraffe nickte.

»Wenn ich nur wenige Sekunden später gekommen wäre, wäre es vermutlich zu spät gewesen.«

Die Giraffe überlegte kurz, warum der Löwe sich so viel Zeit ließ.

Dann fragte der Löwe: »Möchtest du mir nicht dafür danken, dass ich dein Leben gerettet habe?«

»Warum sollte ich das tun? Ich werde ohnehin gleich sterben.«

Der Löwe war irritiert. »Warum glaubst du das?«

»Weil du ein Löwe bist. Ich bin eine Giraffe. Löwen fressen Giraffen. Das ist der Lauf der Dinge.«

Der Löwe setzte sich. »Das stimmt. Aber kannst du dir vorstellen, dass ich dich nicht töten werde?«

Die Giraffe wusste nicht, was sie darauf antworten sollte. Es gab einfach keinen Grund für einen Löwen, eine Giraffe zu schonen. Sie hatte allzu oft schmerzhaft erfahren müssen, dass es entweder Wilderer oder Löwen waren, die Giraffen töteten. Warum sollte es diesmal anders sein?

»Ich traue dir nicht«, sagte die Giraffe schließlich.

Als die Giraffe das gesagt hatte, bemerkte sie, wie verletzt der Löwe durch diese Worte zu sein schien. Schweigend drehte er sich um. Mit gesenktem Haupt nahm er Abstand.

»Löwe, bitte warte doch!«

Der Löwe hielt inne und drehte sich um. Fragend sah er zur Giraffe hinüber.

»Vertrauen fällt mir schwer. Ich kann mir nicht vorstellen, dass *du mich* verschonst.«

Der Löwe kam ein Stück näher und blickte ihr tief in die Augen. Als er das Gefühl hatte, dass es gut war, legte er sich zur ihr ins Gras.

»Weißt du, liebe Giraffe, ich beobachte dich schon lange. Ich folge dir schon, seit die Dürre begonnen hat. Du hast wirklich einzigartige Fähigkeiten. Fähigkeiten, die ich nicht besitze.«

Auch wenn die Giraffe sich geschmeichelt fühlte, erlaubte sie sich nicht dies zuzugeben. »Aber du bist doch der Löwe, der König der Wüste. Welche Fähigkeiten könnte ich schon haben, die Konkurrenz für dich sein könnten?«

Der Löwe lächelte. »Ja, das stimmt. Ich bin ein Löwe. Ich bin schnell, agil und ein guter Jäger. Alle Tiere und Menschen haben Angst vor mir. Ich handle aus meinem Instinkt heraus. Aber du bist die Giraffe. Du bist stolz, groß und hast einen guten Überblick. Statt deinen Instinkten zu folgen, handelst du wohl überlegt und suchst stets nach dem besten, nach dem sichersten Weg. Du bist Herr über deine Gefühle. Dort wo ich impulsiv handle, agierst du wohl überlegt und mit Bedacht. Ich sehe und rieche und höre hier unten am Boden, aber du weißt, was in der Ferne passiert.«

Die Giraffe verstand nicht, was er ihr damit sagen wollte.

»Wir zwei sind sehr unterschiedlich«, sagte die Giraffe schließlich.

Der Löwe nickte. »Das stimmt. Und das ist auch gut so. Die Natur hat sich etwas dabei gedacht, dass wir so sind, wie wir sind. Weil wir unsere Stärken bündeln sollen. Wir gleichen uns aus und wir können viel voneinander lernen.«

»Nein, ich brauche dich nicht«, sagte die Giraffe. »Ich komme sehr gut allein zurecht. Das war schon immer so.«

»Es ist schade, dass du so denkst«, antwortete der Löwe. »Denn ich glaube, jedes Lebewesen braucht Begleitung. Wenn ich nicht gewesen wäre, wärst du heute Abend gestorben. Und wenn du nicht gewesen wärst, hätte ich dieses Wasserloch vermutlich nicht gefunden.«

Die beiden schwiegen sich für einen Moment an.

»Aber ich sehe, dass du mir nicht vertrauen kannst. Also werde ich gehen, wenn du das möchtest.«

Und so erhob sich der Löwe und verschwand hinter dem Busch, von dem er gekommen war.

Als der Tag heranbrach hatte die Giraffe noch viel über diese nächtliche Begegnung nachgedacht. Ihr war vollkommen schleierhaft, weshalb der Löwe sich so für die Giraffe eingesetzt hatte – schließlich hätte er durch die Wilderer ebenfalls sein Leben verlieren können.

Während sich die Giraffe alleine auf die Suche nach einem neuen Quartier in der Nähe des Wasserloches machte, bemerkte sie, wie der Löwe ihr in sicherem Abstand folgte. Was die Giraffe zunächst irritierte, fiel ihr mit jedem Tag aber immer leichter. Und je leichter ihr das fiel, umso öfter hörte sie sich selbst sagen: »Es ist schön, dass sich Jemand sorgt und um dich kümmert.«

So ging es viele Wochen und Monate, und mit jedem Tag bemerkte die Giraffe, dass der Abstand zwischen den beiden immer geringer wurde. Und es fühlte sich gut an, ganz so, wie es sich in ihrem Traum angefühlt hatte. So wanderten die Giraffe und der Löwe zunehmend gemeinsam durch die Savanne, jeder brachte seine Stärken ein, auch wenn sie so verschieden waren. Und langsam fand die Giraffe Gefallen daran, einen Gefährten zu haben, der so viel anders war als sie selbst. Und plötzlich verstand die Giraffe, was der Löwe wirklich für sie getan hatte.

Die wunderschöne Prinzessin

Es war einmal eine wunderschöne Prinzessin, die lebte allein in ihrem Königreich. Schon vor vielen Jahren war sie ausgezogen, um ihr eigenes Königreich zu gründen. Es war eine lange beschwerliche Reise gewesen ... Und obwohl die wunderschöne Prinzessin heute alles besaß, was sie sich nur wünschen konnte, war sie trotzdem von Melancholie und Traurigkeit erfüllt.

Dabei war das früher anders gewesen... Vor langer Zeit war die Prinzessin verliebt gewesen in einen Mann, einen jungen und attraktiven Prinzen. Doch es gab auch einen alten Hexenmeister, der ihr lange Zeit Avancen gemacht hatte. Der Verschmähte bestrafte die Prinzessin und legte einen Zauber auf die sie. Und fortan war alles, als läge ein grauer Schleier über dem Palast und dem Königreich. Und genau wie der junge, attraktive Prinz verschwand schließlich auch die Fröhlichkeit der wunderschönen Prinzessin. Dort wo früher ihr Lachen den Palast erfüllte, herrschte heute Stille. Dort, wo früher die Blumen in ihrem Garten blühten, hingen lediglich verwelkte und verdorrte Reste.

Es war vollkommen egal, was sie zu tun versuchte, nichts schien ihr mehr zu gelingen. Sie erlebte eine Verunsicherung, die sie lähmte. Sie plagten Ängste, die ihre den Schlaf raubten. Denn jede Entscheidung, die sie zu treffen hatte, fühlte sich an, als würde sie ihr Leben kosten. Was würde passieren, wenn es die falsche Entscheidung war? Könnte sie ein Scheitern verkraften? Was würde ihre Familie sagen? Und was würde passieren, wenn sie erfolgreich wäre? Was käme danach? Könnte sie sich an ihrem Erfolg erfreuen?

Mit jedem Tag wuchs so ihre Traurigkeit und Melancholie immer weiter an. Und je länger ihre Traurigkeit anhielt, umso mehr zog sich auch ihr Volk zurück. Und so kam es, dass die wunderschöne Prinzessin einsam und verlassen und völlig verunsichert in ihrem Palast lebte. Das Alleinsein fiel ihr schwer.

Und so beschloss sie hin und wieder, ihre Familie im weit, weit entfernten Königreich zu besuchen. Es war stets eine beschwerliche Reise für sie – eine Reise voller Entbehrungen. Und jedes Mal, wenn sie das Reich ihrer Eltern erreicht hatte, stellte sie fest, dass ihr das Alleinsein nicht gut getan hatte, denn sie hatte die Sprache ihrer Eltern verlernt. Oder hatten ihre Eltern ihre Sprache verlernt? Sie wusste, dass sie dort von Herzen willkommen war und trotzdem fühlte sich dort noch einsamer als in ihrem eigenen Palast, denn schließlich verstand niemand, was sie sagte.

Eines Tages – sie war gerade erst von ihrer Reise zurückgekehrt – verirrte sich morgens eine Brieftaube in ihr Schlafzimmer. Das Gurren des Vogels weckte die Prinzessin, doch statt den Vogel zu verjagen, beobachte sie ihn eindringlich, wie er dort auf dem Sims ihres Fensters saß, mit einer Botschaft im Maul.

Die Prinzessin spürte, wie die Neugier in ihr hinaufstieg. Also nahm sie die Botschaft aus dem Schnabel, öffnete das geheimnisvolle Siegel und fand eine Schatzkarte.

Und zu ihrer eigenen Überraschung empfand sie in diesem Moment etwas, was sie seit langer Zeit, seit der Hexenmeister ihr Reich zu diesem tristen Ort gemacht hatte, nicht mehr empfunden hatte: Tatendrang, Motivation und absolute Zuversicht. Irgendjemand hatte ihr eine Aufgabe gegeben und sie würde diese Aufgabe erfüllen.

Also begab Sie sich auf die Suche, folgte der Karte und durchquerte dabei ihr gesamtes Königreich, bis sie schließlich nach drei Tagen an ihrem Ziel angekommen war.

Und während sie vor dieser alten, modrigen Holztruhe saß, bereit sie zu öffnen, überlegte sie kurz, was sich bis hier hin bereits alles in ihrem Leben verändert hatte. Sie erinnerte sich an die schönen Zeiten vor dem Hexenmeister und sie wusste, dass sie dieses Leben wieder zurück haben wollte. Also öffnete sie die Schatztruhe und fand darin eine Brille. Eine sonderbare Brille. Eine Brille aus Gold, besetzt mit Federn, bunten Perlen und Steinen. Neugierig nahm sie das Stück in die Hand, untersuchte es und fragte sich, was wohl passieren würde, wenn sie sie aufsetzte. Sie hatte zwar Angst vor der Ungewissheit, doch die wunderschöne Prinzessin war bereits bis hierhingekommen – sollte sie jetzt etwa aufgeben?

Und als die Prinzessin die Brille aufzog, erkannte sie, wie sich die Welt um sie herum plötzlich zu verändern schien. Von einem Moment auf den anderen war der graue Schleier des Hexenmeisters verschwunden. Sie hörte Vögel singen, Kinder tollen und sie selbst verspürte den inneren Drang, laut loszulachen – HA HA HA HA – Sie lachte laut – HA HA HA HA – es war ein befreiendes Lachen. Ein lautes Lachen – HA HA HA HA.

Und von diesem Tag war der graue Schleier der Traurigkeit für immer dem Lachen, dem Tatendrang, der Motivation und der absoluten Zuversicht der Prinzessin gewichen. Die Prinzessin suchte fortan nach Situationen, in denen sie sich entscheiden musste – und genoss es. Sie genoss es, weil sie eine Wahl hatte. Sie genoss es, weil sie frei war, sie genoss es, weil sie wusste, dass sie nur gewinnen konnte. Denn keine ihrer Entscheidungen musste für immer sein, wenn sie das nicht wollte... Sie alleine konnte entscheiden... Sie alleine war die Herrscherin in ihrem Reich, sie alleine lebte ihr Leben.

Kurzgeschichten

Rachedurst

Es dürstete ihn nach Rache! Gewalt, ein innerer, unwiderstehlicher Drang nach Gewalt hatte jede Zelle seines Körpers erfasst und durchströmte seine Venen, bis er sich ihr schließlich hingab. Ohne zu zögern, griff er den Haarschopf seines Gegenübers, zerrte ihn zu Boden, überlegte es sich dann aber anders. Was er plante, war nicht genug, einfach nicht ausreichend - er sollte Schmerzen spüren, leiden, so wie er gelitten hatte. Statt ihm wie geplant das Genick zu brechen, schlug er seinen Schädel mit voller Wucht auf den Tisch. Das dumpfe Geräusch brechender Knochen erinnerte ihn an knackende Äste auf einem trockenen, ausgedörrten Waldboden. Es heizte ihn an, zu wissen, dass er die Kontrolle besaß, das Gefühl von Macht bereitete ihm unglaubliche Lust.

Keuchend riss er den Kopf des Geschundenen nach oben, nur kurz genug, um die Angst in den Augen seines Opfers zu sehen und um sich daran zu ergötzen. Die Lippen waren aufgeplatzt und aus der gebrochenen Nase strömte fontänenartig Blut. Das Opfer atmete schwer und spuckte auf den Tisch, um nicht an seinem eigenen Blut zu ersticken. In der roten Pfütze, die sich in nur wenigen Sekunden auf dem Tisch gebildet hatte, lagen zwei nur wenige Zentimeter große Zahnreste, den Rest hatte er verschluckt.

Etwas Animalisches, eine Bestie hatte Besitz von ihm ergriffen; er befand sich in Ekstase. Hass, Rache und Genugtuung erinnerten ihn an eine verbotene Frucht: süß und verlockend, aber brandgefährlich.

Der Winter

Ich wollte es nicht tun, aber mir blieb keine Wahl. Die Hände in die Taschen geschoben, trat ich zur Tür. Sein Gesicht fest im Blick überlegte ich, ob wir uns kannten, aber ich erkannte nichts, das mir helfen konnte, die Gründe für seine späte Störung zu verstehen. Sein Haar war zerwühlt und sein alter Körper wirkte gebrechlich. Die Kälte musste an ihm gezehrt haben, denn ein Blick auf seine Hände brachte ein paar frostige Beulen zu Tage.

Ich bat ihn herein und fragte, woher er komme, aber er antwortete nur zögerlich. Sein Haus, sagte er, war am anderen Ende der Straße, dort kam er her. Ich verstand nicht, was er damit sagen wollte, aber ich bat ihn, sich am Ofen aufzuwärmen. Mit hängendem Kopf trat er in die Stube, während er seinen verlumpten Mantel auf dem grünen Filzsessel ablegte und vor dem Ofen Platz nahm. Dann rieb er sich die Hände.

Ich bot ihm heißen, frisch gebrühten Tee an, aber er lehnte ab. »Tee zu dieser Stunde?«, fragte er. »Nein, das kann ich nicht tun. Ich bin auch nicht hier, um bei Ihnen Tee zu trinken.«

»Warum sind Sie dann hier?«, fragte ich. Er schwieg. Langsam wandte er seinen Blick zum Fenster und betrachtete die Schneeflocken, die durch die Luft tanzten und sich schließlich auf dem Fenstersims niederließen. »Ich bin ein Bote«, sagte er.

Reinheit

Tom klopfte an die Tür, als sein Handy klingelte. Anstatt abzuheben, packte er es in seinen Rucksack und vergrub es tief. Seine Mutter sollte ihn nicht erreichen, er wollte auf keinen Fall mit ihr sprechen, nicht heute, nicht morgen, und an keinem anderen Tag. Er wollte endlich seinen Frieden haben, sein Leben selbst gestalten und frei sein. Dieser Ort, dachte Tom, war das Tor in eine andere, bessere Welt und er würde sich nicht von ihr abbringen lassen. Einzig und allein er selbst wollte entscheiden, wie er den Zugang zu dieser Welt wagen sollte.

Er malte sich aus, wie ihm ein alter Mann öffnete, der ihn nicht erkannte - schlimmer noch, der ihn nicht sehen wollte. Wusste sein Vater, dass er lebte, dass es ihn gab? Er traute seiner Mutter zu, geschwiegen zu haben und ihn ohne Vorwarnung einfach verlassen zu haben, ihm das Kind, dass er geliebt hätte, einfach entrissen zu haben.

Auf dem Türschild las er seinen Namen, und Tom wusste, dass er richtig war. Er nahm seinen Mut zusammen, klopfte an die Tür, und betete, dass es nicht schmerzlich werden würde. Die Tür sprang auf und vor ihm stand ein kleines Mädchen mit blonden Zöpfen und einem rosa Kleidchen und strahlte ihn an.

»Hallo«, sagte sie. »Wer bist du?« Angst überkam ihn. Tom wollte sich umdrehen und gehen, als eine Stimme hinter ihm rief: »Belle, wer ist denn da? Ich sag' dir immer, du sollst die Tür nicht öffnen. Du wohnst hier nicht.«

Tom blieb stehen und drehte sich um, um den Ausgangspunkt der Stimme zu suchen.

Ungeduld

Tausend Schmetterlinge tanzten in seinem Magen, aber er ließ sich nicht anmerken, wie ihr Anblick ihn aus der Ruhe brachte. Tim kannte sie erst seit kurzem, aber sie war die Eine, die Richtige - da war er sich sicher.

Er bewunderte ihren makellosen, nackten Körper und drückte ihn an sich, während er zärtlich über ihre weiche Haut strich. Ihre Augen funkelten im Kerzenlicht und sie war tausendmal schöner, als je zuvor.

»Hör auf!«, kicherte sie und schob neckisch seine Hand von ihrem Schenkel. »Das kitzelt.«

»Was ist damit?«, fragte er ungeduldig.

»Womit?«

»Wie lautet deine Antwort?« Seine Stimme hatte einen Hauch von Missmut und sie vermutete, dass er wütend war.

Angestrengt dachte sie darüber nach, was der Grund dafür sein könnte. Die letzten Stunden waren einfach großartig gewesen, und jede gemeinsame Minute, die sie seit Monaten miteinander verbrachten – und das fast täglich - war wunderschön. Er wollte eine Antwort von ihr, aber sie wusste nicht, was er meinte. Sie wollte ihn aber auch nichtenttäuschen.

»Eine Antwort?«, fragte sie schließlich so vorsichtig wie möglich. »Auf welche Frage denn?«

Tim fühlte, wie er das Gleichgewicht verlor und in ein Loch stürzte, aus dem er nie wieder herausfinden würde. Ein brennender Schmerz durchfuhr seine Brust. Reflexartig zog er seine Hand zurück, und drehte sich weg, um seine Tränen zu verbergen. Sie wusste, sie hatte ihn sehr verletzt, und auch wenn sie es bereute, ihr war nicht klar, was er wollte. Sie wartete auf seine Antwort, und als diese ausblieb, nahm sie seine Hand fest in die ihre. »Welche Frage?«, wiederholte sie sanft und sah ihm dabei tief in die Augen. »Ich erinnere mich nicht.«

Enttäuscht sah er sie an. Sie meinte es ernst, vollkommen ernst. Dabei hatte er geglaubt, sie hätte die Botschaft und seine unzähligen Andeutungen verstanden.

»Nichts. Es war nichts!« Seine Worte klangen verletzt und schwach, seine Stimme zitterte. Er hatte sie verloren, hatte Schiffbruch erlitten und war allein auf dem großen Ozean gestrandet. Ohne sie würde er hilflos im nächsten Sturm untergehen. In diesem Sturm, dachte er.

Der Wind pfiff und die Bäume peitschten geben das Fenster. »Ungemütlich, findest du nicht?«, fragte sie, in der Hoffnung ihn auf andere Gedanken zu bringen.

»Ja«, bestätigte er. »Ungemütlich, sehr ungemütlich ...« Sie beugte sich zu ihm, um ihn zu küssen, aber er wich zurück.

»Ich sollte gehen«, erklärte er. »Bei diesem Wetter komm' ich nur schwer wieder nach Hause.«

»Bleib doch«, sagte sie. »Hier ist genug Platz für uns Zwei.«

Er dachte nach, zweifelte an ihrer Aufrichtigkeit und fragte sich, was sie vorhatte. Vor wenigen Sekunden hatte sie ihm erst das Herz gebrochen, jetzt wollte sie ihn plötzlich um sich haben? Ungläubig fragte er: »Wie meinst du das?«

»Ich möchte, dass du bleibst - und zwar für immer!« Entsetzt sah er sie an, dachte nach. Ein Wechselbad der Gefühle, eine

Mischung aus Verärgerung, Zufriedenheit und Erregung machte sich in ihm breit. Dann lachte er.

»Wieso lachst du?«, fragte sie entrüstet.

»Meine Frage. Du hast sie gerade beantwortet«, erklärte er, während er begann, ihren Körper von Neuem zu erforschen.

Die Nebenbuhlerin

Jana hatte vom ersten Moment an gewusst, dass er der Richtige war. Sein unverwechselbares Lächeln und die schelmische Art, mit der er sie wieder aufbaute, wenn die Welt um sie herum zusammenbrach, sein drahtiger Körper, seine weichen Hände ... und die animalische Art, mit der er sie wie eine Hure nahm, eine billige kleine Hure, hatten sie süchtig gemacht - so süchtig, dass sie bezweifelte, jemals ohne ihn leben zu können.

Am Tag, an dem sie erfuhr, dass er irgendeiner Schlampe das Hirn raus fickte, verstand sie endlich, dass ihre Pläne, das Leben gemeinsam zu verbringen und Kinder zu haben, zum Scheitern verurteilt waren. Sie hatte alles für ihre Liebe aufgegeben - und als Dank vögelte er jetzt eine andere.

Jana berührte das kalte Metall der Pistole, die sie aus dem Schreibtisch ihres Vaters entwendet hatte. Ein nie da gewesenes Gefühl von Macht überkam sie. Zum ersten Mal war sie diejenige, die am längeren Hebel saß, diejenige die wertvoll war. Es gab nichts, was sie aufhalten, oder von ihrem Plan abbringen konnte.

Langsam schritt Jana den grell beleuchteten Flur entlang, bis sie vor der weiß lackierten Zimmertür zum Stehen kam. Vorsichtig legte sie ihr Ohr darauf, um jeden Laut in sich aufzunehmen. Dann atmete Sie tief durch, denn die schmerzenden Bilder in ihrem Kopf kehrten plötzlich zurück, so als versuchte eine höhere Macht sie vor einem großen Fehler zu bewahren. Statt zu verschwinden, brannte sich die Überzeugung, dass es die Beiden nur wenige Meter von ihr wie Tiere trieben, immer tiefer in ihr Hirn. War das der Grund?, fragte sie sich. Hatte sie selbst Schuld daran, hatte Sie ihn in die

Arme einer anderen getrieben? Bot eine andere Frau ihrem Mann die Art von umtriebigen, abartigen Spielen, die Jana niemals zugelassen hätte?

Sie schob ihre Zweifel beiseite, denn niemand besaß das Recht, sie so zu verarschen. Nach all diesen Jahren der Entbehrung und der Demütigung - das durfte sie einfach nicht auf sich sitzen lassen. Wahrscheinlich lachten sie über sie, ihre Dummheit, darüber, dass Sie monatelang nichts bemerkt hatte.

Ein Blick über die Schulter verriet ihr, dass sie unbeobachtet war. Sie griff zum Universalschlüssel, den sie dem knabenhaften Portier abgenommen hatte, und genoss ein letztes Mal die Erfahrung mit ihm geflirtet zu haben. Auch wenn er hätte ihr Sohn sein können, er war scharf auf sie gewesen - sie hätte nur mit den Fingern schnippen müssen.

Sie steckte den Schlüssel ins Schloss, öffnete langsam die Tür, und schlich wie eine Katze hinein. Die Stille des dunklen Zimmers wich mit jedem weiteren Schritt dem Stöhnen zweier Menschen, deren rhythmische Bewegungen ein aggressives Dauerquietschen verursachten. Ihre Lippen schmeckten salzig und erst jetzt bemerkte sie, wie eine Mischung aus Schweiß und Tränen ihre Haut entlang rann.

Jana trat vor und aus dem Augenwinkel sah sie, wie ihre Gegenspielerin ihren Mann mit kreisenden Bewegungen dem Gipfel der Lust entgegen peitschte. Sie wippte auf und ab, während sie ihren Kopf hin- und herwarf. Er stöhnte mehr als er es je bei ihr getan hatte, und Jana kochte innerlich, riss sich aber zusammen. Am meisten überraschte sie, dass die Wirklichkeit noch mehr schmerzte, als die Bilder in ihrem Kopf.

Sie nahm die Pistole aus ihrer Handtasche und zielte auf den nackten Rücken der Frau. Ihr Finger zitterte, nicht vor Wut oder Verachtung für das, was er ihr angetan hatte, sondern aus Angst vor dem was kommen würde. Leise zählte sie von fünf an rückwärts, bei eins angekommen schloss sie langsam die Augen und drückte ab.

Chinesische Tulpen

Die Besonderheit an dieser ersten Begegnung war nicht seine Hautfarbe. Er war Chinese, das war kaum zu übersehen. Trotzdem juckte sie das nicht. Auch das Bündel sonnengelber Tulpen, das er freudestrahlend in Händen hielt, ignorierte sie völlig. Und der stechend beißende Gestank von Urin, der von der Bahnhofsbrücke wenige Meter entfernt herüber wehte, ließ sie ebenfalls kalt.

Eine Sache machte sie hingegen rasend: Giana, ihre beste Freundin seit der Schulzeit, eine natürliche Schönheit mit halb italienischen, halb marokkanischen Wurzeln und einem Männerverschleiß, der jedes Bordell in der Innenstadt vor Neid erblassen ließ, jammerte immer wieder von Neuem, wie sehr sie sich nach einem Mann fürs Leben sehnte. Sie suche einen gleichberechtigten Partner, der ihr Liebe, Geborgenheit und Trost spendete und sich nicht nur an ihrem makellosen Körper ergötzte. Alle Versuche, Giana von ihrer luxuriösen Lage zu überzeugen und ihr gleichzeitig klar zu machen, dass sie selbst es durch ihr promiskes Verhalten provozierte, blieben erfolglos.

»Was für eine Egoistin!«, schrie Henriette innerlich. Seit dem Abitur - damals hatte sie für eine kurze Zeit ihren ersten und einzigen Freund - war sie alleine. Hendrik und sie waren auf einer Vorabifete zusammen gekommen und hatten es immerhin knappe drei Monate miteinander ausgehalten. Das Schlimmste aber war: Sie war noch immer Jungfrau. Dabei war sie bereits 32! Und hier stand sie nun, dank Giana und ihrer umfangreichen Kenntnisse diverser Online-Dating-Plattformen, und war fest entschlossen, nicht noch weitere drei Jahre auf ihre Entjungferung zu warten. Nein! Sie war reif, sie würde nicht mal mehr drei weitere Wochen aushalten. Hier und heute – es gab kein Entrinnen. Dieser arme Kerl musste herhalten, da musste er jetzt durch!

Das Schmuckstück

Mit gefletschten Zähnen stand er vor mir, als ich die Tür öffnete. Seine Hand schnellte nach vorne und drückte mir die Kehle zu.

»Was willst du?«, presste ich hervor, während ich mich zu wehren versuchte. Meine Hände suchten nach seinem Griff. Mit aller Gewalt wollte ich seine Finger auseinander biegen – vergeblich! Meine zierlichen Hände hatten noch immer keine Chance gegen seine mächtigen Pranken.

»Wo ist es?« Er funkelte mich gierig an.

»Wo ist was?«

Wütend drückte er zu, bis ich husten musste. Dann schob er mich in den Flur hinein und trat mit einem Bein die Tür von hinten zu. Dann lockerte er seinen Griff.

»Ich frage noch einmal: Wo ist es?«

Ich wusste genau, was er meinte. Das Schmuckstück, das er suchte, war das Einzige, was ich von der gemeinsamen Zeit hatte behalten wollen. Den ganzen Rest – die Narben an meinem Körper, die gebrochenen Knochen, die Erinnerungen an die unzähligen Vergewaltigungen durch ihn und seine Bande, und die Drogenabhängigkeit, mit der ich heute noch zu kämpfen hatte – all das hätte ich einfach gerne im Klo runter gespült.

»In der Küche...« Ich zeigte auf das Ende des Flures.

Er schubste mich. »Los, geh' vor.«

Ich wollte gehorchen, so wie ich es immer getan hatte, doch er hielt mich fest. Er packte mich von hinten, riss seinen Arm um meinen Hals und säuselte mir ins Ohr.

»Die Jungs vermissen dich. Wirklich. Ich frage mich auch, ob du noch immer so eine enge Fotze hast.«

Sein Atem stank widerlich. Eine modrig-faule, säuerliche und nicht genau identifizierbare Mischung aus Alkohol, Zigaretten, Schweiß und einem Schuss Fäkalien, die in der Realität noch um einiges schlimmer war, als in meiner Erinnerung. Es war die Kombination aus dem Gestank und aus seinen Worten, die mich binnen einer Sekunde drei komplette Jahre des Schmerzes von Neuem erleben ließen.

»Willst du es jetzt haben oder nicht? Ich geb' es dir, aber lass mich dann endlich in Ruhe, ok? Oder sei wenigstens ein Mann und erlöse mich, wenn du mit mir fertig bist.«

Er gab mich frei. »Gott, bist du weinerlich geworden. Dein Bimbo fickt dich anscheinend nicht so, wie du es brauchst, wa?« Er lachte abfällig. »WIR haben uns immer gut um dich gekümmert, oder?«

Ohne mich um seine Bemerkung zu kümmern, ging ich in die Küche. Er folgte mir lachend, behielt mich aber stets aufmerksam im Blick. Die Zuckerdose stand auf der Marmoranrichte. Ich öffnete sie und hielt sie ihm unter die Nase. Sein Blick erhellte sich kurz, dann hob er den Kopf und sah mich fragend an.

»Ich wusste, dass du kommen würdest.«

»Woher?«

Ich schüttelte den Kopf. »Das tut nichts zur Sache. Nimm es und dann verschwinde einfach.« Ich trat einen Schritt zurück.

Er nahm das Schmuckstück heraus und stopfte es in seine Jackentasche. Dann trat er auf mich zu. Er fixierte mich. Instinktiv wich ich ihm aus, bis ich die Wand in meinem Rücken spürte. Er zog mich an seinen Körper, eng und ohne Möglichkeit von ihm los zu kommen. Mit der anderen Hand öffnete er seine Hose und drückte seinen Schritt fest an mich heran.

»Komm, ich lass dir ein Souvenir da, der alten Zeiten willen.« Sein Lachen war wie ein Wiehern.

Ich nahm meinen ganzen Mut zusammen.

»Verschwinde endlich. Du hast jetzt, was du wolltest. Wenn du jetzt gehst, ist alles vorbei. Wir gehen einfach getrennte Wege, so als wäre nichts gewesen. Es ist einfach vorbei.«

»Und wenn ich nicht gehe?« Sein Blick war krank, genauso krank, wie damals, kurz bevor er ...

Ich riss mich zusammen. »Die Polizei müsste gleich da sein.«

Er überlegte kurz, zog dann seinen Reißverschluss hoch und verließ wortlos die Küche in Richtung Haustür. Als ich die Tür ins Schloss fallen hörte, brach es plötzlich aus mir heraus. Die Tränen schossen mir ins Gesicht, die Erinnerungen und Gefühle überschlugen sich. Doch eins war anders: Diesmal war es nicht Scham, was ich empfand - sondern Stolz. Dann nahm ich die Zuckerdose und warf sie ihm hinterher.

Der Schlüssel

Sein Atem stockte. Nicht etwa, weil er sich sorgte, etwas könnte schiefgehen. Nein! Er beherrschte sein Handwerk. Es gab Niemanden, der Schlüssel noch perfekter nachmachen konnte. Vom ersten Tag seiner Ausbildung war er fasziniert von Schlüsseln gewesen. Jeder Schlüssel war einzigartig. Einzigartig in seiner Struktur, seiner Beschaffenheit und seinem Wesen. Ja, Schlüssel besaßen ein Wesen, eine Persönlichkeit. Das hatte er niemals irgendwem erzählt, aber er wusste von Anfang an, dass Schlüssel mit ihm kommunizierten. Und so waren sie für ihn über die Jahre um einiges realer geworden als die meisten Menschen.

In diesem Moment hoffte er allerdings, dass er sich zum ersten Mal vertan haben könnte. Dieser Schlüssel war böse, denn er war für einen teuflischen Zweck geboren. Er schämte sich, denn er hatte etwas Unredliches getan.

Aber was hätte er tun können? Sie hatten ihn in der Hand. Sie waren in seinen Laden gekommen, mit den Bildern, die für ihn und seine Geliebte den Tod bedeutet hätten. Wenn sie es wussten, wusste es dann auch ihr Mann? Er hatte keine Wahl, als sich auf das Vorhaben der Männer einzulassen. Die Alternative wäre verheerend gewesen. Alleine die Vorstellung, die Bilder könnten in die Hände ihres Mannes geraten – einem unberechenbaren und verdammt gefährlichen Verbrecher.

Was er getan hatte, diente einzig und allein *ihrem* Schutz.

Glück – oder wenn es anders ist

Glück. Was ist schon Glück? Ich rate dir: In dem Moment, wenn du glaubst, das größte Glück auf Erden gefunden zu haben, sei auf der Hut! Die Wahrheit holt dich bald darauf wieder ein.

Die folgende Geschichte beginnt an einem tristen Juli-Tag, was ungewöhnlich war in besagtem Jahr. Der Sommer hatte Hitzerekorde verzeichnet, Bäder und Seen waren überrannt worden. Aber meine Geschichte beginnt am einzig kühlen, nebeligen Tag in jenem Juli. Ich weiß das so genau, weil dieser Tag nur einen wärmenden Moment für mich bereit hielt, nämlich den, als ich Sebastian Wollmann zum ersten Mal begegnete.

Ich arbeitete seit zwei Monaten bei einem Zeitschriftenverlag, dessen Portfolio sich im Wesentlichen aus Familien- und Elternratgebern zusammensetzte. Ratgeber für Singlemütter, Mütter mit mehreren Kindern, berufstätigen Müttern, spät geouteten lesbischen Müttern, Ehepaaren, Patchwork-Familien und schwulen Vätern. Keine Single-Väter – das fand der Herausgeber zu weltfremd!

Meine Aufgabe bestand darin, die Zusammenarbeit zwischen der Medienagentur und unserer Redaktion zu koordinieren, weil erstere das Cover passend zur nächsten Ausgabe erstellte und gleichzeitig unsere Anzeigenkampagnen verwaltete. Nach meinem Studium was das der perfekte Einstieg für mich – eine verantwortungsvolle Aufgabe, die mir die Möglichkeit gab, mich zu profilieren und mit meiner Vergangenheit aufzuräumen. Obwohl ich einen exzellenten Masterabschluss in zwei Fächern erworben hatte, hatte ich bisher nicht gelebt. Dieser Job bot mir endlich die Möglichkeit, aus meinem Schneckenhaus raus zu kommen.

Für die aktuelle Ausgabe unseres auflagenstärksten Magazins war eine Besprechung in der Agentur anberaumt worden. Ich war nervös, denn es war der erste Besprechungstermin, den ich alleine besuchte und damit unseren Verlag repräsentierte. Der verantwortliche Redakteur hatte »vollstes Vertrauen« in mich – seine Worte! -, was es nicht einfacher für mich machte. Als ich jedoch schließlich dort war, war mein Unbehagen schnell verflogen. Die Versammlung wurde von einem jungen, wirklich sehr attraktiven Mann geleitet. Er war groß gewachsen, besaß dunkle, kurze Locken, strahlend blaue Augen, und maskuline Gesichtszüge. Er trug eine Jeans, die den perfektesten Po des Globus verhüllte, dazu ein weißes Hemd und ein Tweed-Sakko; er strahlte vollkommene Kontrolle und Selbstsicherheit aus. Ich beobachtete ihn genau und war sofort fasziniert von ihm, auch wenn ich mich fragte, welcher Mann mit ein wenig Selbstachtung heute noch Tweed trug.

Mir war sofort klar, dass ich in Wirklichkeit keine Chance bei ihm haben würde. Ein Kerl wie er hatte sicher irgendwo ein hübsches, schlankes Vorzeigepüppchen mit edlem Stammbaum zuhause auf ihn warten. Ich passte mit meiner Kleidergröße 42, meiner blassen Haut und meiner schüchternen Art nur wenig in dieses Bild. Das war aber auch nicht nötig. Bei jeder Begegnung fühlte ich mich in meine Schulzeit zurück versetzt, eine Zeit geprägt von Schwärmereien für ältere Jungs oder Boygroup-Stars aus der Bravo. Mit keinem davon hätte ich jemals etwas anfangen können, aber Mädchen interessiert das nicht. Und in jenen Momenten, wenn ich in Sebastians Nähe war, war ich wieder Mädchen.

Schnell merkte ich, dass meine Faszination für ihn einseitig war. Wir arbeiteten regelmäßig zusammen, über Monate hinweg, und er nahm trotzdem kaum Kenntnis von mir. Ich war wie Luft für ihn. Wenn ich mich zu Wort meldete, waren meine Wortbeiträge danach schnell wieder vergessen. Genau wie früher war ich das Mauerblümchen, dem keiner Beachtung schenkte. Je öfter das passierte, desto mehr zog ich mich zurück. Ich wollte nicht mehr zu diesen Terminen gehen, Sebastian war mir zuwider. Heimlich schaute ich mich bereits nach neuen beruflichen Perspektiven um. Ich überlegte sogar ernsthaft, ob ich in eine andere Stadt umziehen sollte. Dabei liebte ich meinen Job. Doch dann kam meine Chance...

Einmal, kurz vor Feierabend, wollte ich den Datenträger mit Abzügen der aktuellen Ausgabe in der Agentur abgeben. Das moderne Großraumbüro war bereits leer, was an einem Freitagnachmittag nicht unüblich war. Nur Sebastian saß noch an seinem Computer. Er hatte den Kopf gesenkt und rieb sich die Schläfen.

»Ist alles in Ordnung«, fragte ich.

Er schrak hoch. »Oh, hallo. Ich habe dich überhaupt nicht kommen hören.«

So wie er »dich« sagte – mein Herz tanzte vor Freude.

»Du siehst furchtbar aus, wenn ich das so sagen darf. Ist etwas passiert?«

Er schüttelte den Kopf. »Wie man's nimmt. Morgen hab' ich Abgabe für ein paar Slogans für einen extrem wichtigen Kunden – Shampoohersteller. Diese Kosmetikfutzis sind es gewohnt, immer die Sonderbehandlung zu kriegen.«

Ich verstand nicht. »Du magst also die Beautybranche nicht, ok.«

»Nein, das ist es nicht. Ich hab nur – eine Blockade.«

Für den Bruchteil einer Sekunde war ich versucht, ihn lauthals mit Gelächter zu überhäufen. Ein selbstbewusster Mann wie Sebastian Wollmann, klug, attraktiv und das, was man allgemein als *alpha male* bezeichnet, hockte hier – zusammengekauert – hinter seinem Bildschirm und wusste tatsächlich nicht weiter? Ein Träumchen – das kleine Mädchen, der Helferkomplex – irgendetwas in mir sprang sofort darauf an.

»Kann ich dir vielleicht helfen?«

Er winkte ab. »Wenn du nicht zufällig eine noch bessere Werbetexterin bist als ich, dann wohl kaum.«

Dieser unverfrorene kleine Wicht, dachte ich. »Hey, ich hab immerhin zwei Master in vergleichender Literaturwissenschaft und Soziologie. Für irgendwas müssen die doch gut sein.« Ich schnappte mir einen Stuhl und schob Sebastian beiseite.

Wir arbeiteten stundenlang ohne es zu merken. Zwischendurch unterhielten wir uns, machten Scherze und lachten gemeinsam, während wir Kaffee tranken. Zum ersten Mal seit ich ihn kannte, wirkte Sebastian für mich nicht oberflächlich, sondern wie ein richtiger Mensch. Er hatte Schwächen, so wie wir alle – und er hatte sich zu meiner Überraschung doch meinen Namen gemerkt.

Gegen kurz nach neun waren wir schließlich fertig und zum Dank lud er mich zum Essen ein. Ich lehnte ab.

»Komm schon. Du hast dir deinen Nachmittag für mich um die Ohren geschlagen und mir damit echt den Arsch gerettet. Also komm, gib' dir 'nen Ruck. Wenn zuhause nicht dein Mann oder Freund oder wenigstens ein junger Lover auf dich wartet, ist ein ‚Nein!' für mich keine gültige Option.« Er lächelte.

Also ging ich mit ihm Essen. Und noch einmal. Und ins Kino. Insgesamt gingen wir vier Mal miteinander aus – fünf Mal, wenn sein missglückter Versuch, mich zum Inlinern zu überreden, dazu zählt. Er war so charmant und beharrlich gewesen, dass ich mich breitschlagen ließ. Er – sportlich und so beweglich, als wäre er darin geboren worden – und ich – ungelenk und hölzern, wie ein Mammut auf einem Tretroller. Er war geduldig und versuchte, es mir beizubringen. Und es gelang – zumindest bis zu jenem Moment, als ich ihn zu Boden riss und auf seinem athletischen Körper zu Fall kam.

Als Entschädigung lud ich ihn zum Essen zu mir ein. Ich war eine exzellente Köchin und das wollte ich ihm beweisen. Während ich in der Küche den Aperitif und die Vorspeise zubereitete, sah er sich im Wohnzimmer um.

»Du besitzt echt verdammt viele Bücher.« Er klang wirklich beeindruckt.

»Das bringt das Literaturstudium mit sich«, sagte ich lächelnd und drückte ihm ein Glas mit einem thailändischen Fruchtcocktail in die Hand.

Während wir uns zuprosteten, wanderte mein Blick an ihm herauf. Er trug eine schwarze Stoffhose und ein weißes, eng anliegendes Hemd, das seinen muskulösen Oberkörper besonders zur Geltung brachte. Der oberste Knopf war geöffnet, so dass mir der Blick auf seine Brust gewährt wurde. Dann bemerkte ich, dass auch er mich mit seinen kräftigen blauen Augen beobachtete. Ich fühlte mich ertappt.

Er lachte. Erneut hob er sein Glas. »Auf einen gelungenen Abend.«

Wir nahmen einen Schluck, dann griff er nach meinem Glas und stellte es beiseite. Ein hielt einen Moment inne, dann trat er auf mich zu und küsste mich.

Seine Lippen waren weich. Sein Kuss war sinnlich und fordernd zugleich. Einem Kuss folgte ein weiterer. Und noch einer. Wenn ich's mir so recht überlege, bin ich mir überhaupt nicht sicher, ob wir überhaupt aufhörten, uns zu küssen. Nach der Zeit, die wir miteinander verbracht hatten, entlud sich etwas in uns - so wie ein schwüles Sommergewitter, dass sich tagelang über der Stadt zusammengebraut hatte und den Menschen endlich Erleichterung verschaffte.

Das Essen fiel aus. Stattdessen landeten wir miteinander im Bett. Auch dabei wusste er, was er tat. Während ich anfänglich damit kämpfte, mich zu entspannen, strahlte Sebastian vollkommene Selbstsicherheit aus. Er wusste, was er wollte, er forderte auf eine sinnliche Art und Weise, war aber zeitgleich zärtlich gebend. Ohne etwas sagen zu müssen, wusste er genau, was ich brauchte. Also ließ ich mich fallen – und erlebte wahrlich die geilste und versauteste Nacht meines Lebens.

Mit Hochgeschwindigkeit ging es weiter mit uns. Wir trafen uns wieder und schliefen weiterhin miteinander. Aber nicht nur das. Auch neben den beiden B's – Büro und Bett – verbrachten wir eine intensive Zeit miteinander. Wir teilten alles miteinander: Bett, Freizeit, Ängste, Sorgen und Visionen. Wir schmiedeten sogar Pläne für die Zukunft, entwickelten gemeinsame Träume. Andere Menschen mögen das vielleicht Beziehung nennen, aber wir waren uns schnell einig, dass wir dieses Etikett nicht für uns beanspruchten. Versteht mich nicht falsch: Wir waren »exklusiv«

miteinander, aber das Wort Beziehung klang für uns einfach zu spießig. Warum etwas definieren und in irgendwelche Grenzen pressen, wenn das am Ende doch nur negative Gefühle auslöst?

Ich erinnere mich noch sehr genau, wie Sebastian mir von seinem großen Traum erzählte. Eigentlich hatte er immer Schriftsteller werden wollen. Von Kind an war er fasziniert von Büchern gewesen, davon wie Menschen Kunstwerke nicht mit Pinsel, Farben und Leinwand, sondern mit Tinte, Papier und Worten formten. Je älter Sebastian wurde, umso größer wurde der Traum für ihn – und der Schmerz, der dieser Traum ihn ihm verursachte. Das Schreiben war eine Qual für ihn. Jeder Versuch, Ideen zu entwickeln und diese zu Papier zu bringen, scheiterte. Er begann stets von Neuem, aber das Blatt blieb meistens leer.

Als er mir davon erzählte, wurde seine Verbitterung deutlich. Noch nie zuvor hatte ich Sebastian so traurig und so klein erlebt. Dort saß ein enttäuschter kleiner Junge vor mir, den man einfach in den Arm nehmen und liebhaben musste. Jedenfalls war das der Grund, warum er Werbetexter wurde. Er hoffte, dadurch seine Schreibblockaden zu überwinden, seinen eigenen Anspruch an Perfektion zu befriedigen und Wege zu finden, wie die perfekte erste Seite aus ihm heraussprudeln würde.

Es war faszinierend. Wir hatten den gleichen Traum, aber unterschiedliche Ängste. Während er mit leeren Blättern kämpfte, konnte ich überhaupt nicht aufhören zu schreiben. Beinahe jeden Gedanken, den ich fasste, schrieb ich auf und machte eine Geschichte daraus. Vielleicht lag es daran, dass ich in meiner Kindheit oft alleine war, aber ich hatte gelernt, Dinge und Menschen aufmerksam zu beobachten. Dadurch konnte ich Beziehungen ausmachen, Konflikte erkennen und Gefühle wahrnehmen, obwohl diese nicht offen ausgesprochen wurden. Oft waren sie den Beteiligten selbst noch nicht einmal bewusst.

Ich schrieb jeden Abend, Stunde um Stunde, manchmal bis spät in die Nacht. Selbst wenn er bei mir war und er nach dem Sex eingeschlafen war, überkam mich der Drang, an meinen Schreibtisch zurückzukehren. Ich ließ meine Gedanken zu Worten und die Bilder in meinem Kopf zu festen Welten werden, die nur ich als deren Schöpferin beherrschte. Ich war so in mich versunken, dass Sebastian mich ein oder zwei Mal nachts ins Bett zurückholen musste.

Sebastian beneidete mich um diese Fähigkeit. Während er mich stets ermutigte, meine Werke zu veröffentlichen, schämte ich mich für meine Produktivität. Mein erster Roman war schon lange fertig, der zweite kurz vor dem Abschluss. Was ich ihm nicht sagte: Er beflügelte meine Kreativität! Nur eine Woche, nachdem wir zum ersten Mal Sex miteinander hatten, war mein dickes Moleskin-Notizbuch mit einem Haufen verschiedener Ideen, Skizzen und Textentwürfen vollgekritzelt, die alle nur darauf warteten, von mir geboren zu werden.

Aber ich besaß den Mut nicht, mich an einen Verlag zu wenden. Seit ich Sebastian kannte, wurde ich zum ersten Mal in meinem Leben nicht abgelehnt. Ich wollte nicht zurück in diesen Modus, ich hätte das nicht ertragen. Und je mehr er mich drängte, desto schwerer fiel es mir.

An jenem Tag, als er mir den Antrag machte, war ich die glücklichste Frau dieses Planeten. Allen Zweifeln zum Trotz, Zweifeln an meinem Körper, meiner Persönlichkeit, gab es diesen tollen Mann, der mir seine Liebe gestanden hatte. Ein Mann, der mich für sich alleine haben und nie wieder gehen lassen wollte. Natürlich sagte ich ja, denn mir ging es mit ihm genauso!

Aber mit dem Glück ist es so eine Sache: Es geht rauf und manchmal auch schnell wieder runter. Was bei mir wie eine Heißluftballfahrt begonnen hatte – langsam aber stetig -, stürzte im Bruchteil einer Sekunde wie eine ausgebrannte Rakete auf die Erde herab.

Ich probierte Brautkleider an, um ein erstes Gefühl für die verschiedenen Modelle zu bekommen, als ich hörte, wie sich die beiden Verkäuferinnen unterhielten. Ich bekam nur Wortfetzen mit, aber es ging um ein Buch, das mir sehr bekannt vorkam.

Als ich neugierig nachfragte, folgte der Schock auf dem Fuße. Plötzlich hielt ich meinen eigenen Roman in Händen. Es war mein Roman. Titel, Beschreibung und Inhalt waren identisch. Nur stand dort ein anderer Name auf dem Cover.

Ich konnte es nicht fassen. In mir brodelte es. Ich war betrogen worden. Man hatte mir meinen Roman gestohlen und es gab nur eine einzige Person, die dafür in Frage kam: Sebastian! Ich hatte ihm vertraut, aber er hatte sich nur in mein Herz geschlichen, um seinen großen Traum zu erfüllen: Wenn ich schon selbst nicht schreiben kann, warum nicht einfach beim naiven Mauerblümchen bedienen?

Ohne groß nachzudenken griff ich mir Edding und den schweren Tesaroller vom Tresen und stürmte aus dem Laden heraus. Ich lief die Fußgängerzone entlang und riss Seite um Seite aus dem Buch heraus. Ich konnte keinen klaren Gedanken fassen, so sehr war ich in Rage. Ich rannte von Schaufenster zu Schaufenster, riss jeweils einen Streifen Tesa ab und befestigte eine Seite des Corpus Delicti am Glas. Mit dem Edding schmierte ich in großen Lettern »Liebe ist Betrug!« darauf.

Erst als ich alle Seiten des Buches verarbeitet hatte und nur noch den Einband in Händen hielt, bemerkte ich, dass ich noch immer mein Brautkleid trug und die beiden Verkäuferinnen keifend versuchten mich einzufangen.

»Spinnen Sie? Was soll das?«, brüllte mich die eine an, während die andere mir nur befahl, das Kleid zurückzugeben.

Ich ergab mich, weniger aus Überzeugung, sondern weil ich – einem Nervenzusammenbruch nahe – vor Tränen und Wut nicht mehr atmen konnte. Die beiden Frauen stützten mich und führten mich zu ihrem Geschäft zurück, wo sie Sebastian anriefen.

Wenn ich heute an diesen Tag zurückdenke, zweifle ich an meinem Verstand. Und ich schäme mich. Sebastian hatte mich nicht belogen. Er hatte meinen Roman auch nicht gestohlen. Sebastian war einfach mit meinem Manuskript von Verlag zu Verlag gegangen, und hatte sich als mein Agent ausgegeben, bis er einen Vertrag für mich hatte. Das Buch wurde unter einem Pseudonym veröffentlicht, weil er – wie er mir später erklärte -, den Versagensdruck von mir nehmen wollte. Dadurch wurde mir aber klar, dass Glück nicht das war, was ich die ganze Zeit dafür gehalten habe. Das größte Glück war tatsächlich, dass dieser Ausraster, der mich wie eine Furie durch die Fußgängerzone jagen ließ, die beste Werbekampagne gewesen war, die mir je hätte passieren können.

Männerfreundschaft

Ich ging wieder hin. Und wieder. Immer wieder. Auch wenn ich wusste, dass es falsch war, es war mir vollkommen egal.

Was mich aber viel mehr erstaunte: Statt mich endlich von Sybille zu verabschieden, befand ich mich weiter in einem Zustand des Flusses, der vollkommenen Hilflosigkeit, wie ein Statist im eigenen Leben, ohne irgendeine Möglichkeit, die Handlung zu beeinflussen.

Ich wusste natürlich, dass das nicht stimmte. Tatsächlich hätte ich sogar jeden Grund gehabt, das Projekt »Aus Freundschaft wurde Liebe« für gescheitert zu erklären und von vorne anzufangen. Schon seit langem war Sybille mir mehr Last als Stütze gewesen.

Wenn ich mich jetzt einfach aufmache und gehe, dachte ich kurz. Doch sofort sah ich sie vor mir, weinend und völlig aufgelöst. In diesem Bruchteil einer Sekunde fühlte ich ihren Schmerz und ihre Hilflosigkeit. Dabei war das alles doch nur in meinem Kopf. Nichts davon war real – zumindest nicht zum jetzigen Zeitpunkt.

Obgleich ich Sybille noch immer liebte, die Flamme der Leidenschaft war schon lange erloschen. Sie war noch immer eine verdammt heiße Frau, die viele Männer innerhalb von wenigen Sekunden mit einem einzigen Blick um den Verstand bringen konnte. Bei mir jedoch war diese magische Wirkung verflogen. Ihr Körper hatte trotz seiner unüberschaubaren, prallen Reize für mich einfach die Anziehung verloren. Und egal, wie unbefriedigend die Situation für mich war, ich wollte sie auf keinen Fall verletzen. Das hatte sie nach all den Jahren wirklich nicht verdient.

Ich dachte kurz über meine Lage nach. Es war vollkommen grotesk. Bis vor wenigen Wochen hatte ich niemals darüber nachgedacht, einen anderen Mann zu küssen. Ich hätte mir im Leben nicht träumen lassen, dass ich jemals einen Mann auf diese Art berühren könnte – und noch viel weniger, dass es mich erregen, geschweige denn emotional so stark aus der Bahn werfen würde. Aber diese Erfahrung mit Achim hatte mir aufgezeigt, dass in meinem bisherigen Leben irgendetwas schief gelaufen war.

Wir hatten uns vor zwei Jahren erstmals über eine Smartphone-App zum gemeinsamen Fitnesstraining verabredet und uns auch Anhieb sympathisch gefunden. Wir trainierten mehrmals in der Woche miteinander und wurden richtig dicke Kumpels, die sich alles erzählten. Wir redeten über Frauen, die Arbeit, den Sport und unsere Hobbies, die wir zunehmend auch miteinander teilten. Aber wir offenbarten uns auch unsere Gefühle - egal ob es der Frust im Job oder mit den Nachbarn war und unsere Freuden, Sehnsüchte und Leidenschaften. Jeder wusste vom anderen wie er sich seine Zukunft vorstellte und war bereit, ihn bei diesem Weg tatkräftig zu unterstützen.

Ich weiß, dass wir beide stets vollkommen hetero gewesen waren. Während ich monogam mit Sybille war, war Achim ein echter Glückpilz was Frauen anging. Egal wo er auftauchte, er hatte innerhalb von wenigen Sekunden die ungeteilte Aufmerksamkeit aller Frauen, die ihn interessierten. Achim war wie eine Pheromon getränkte Lampe, die – wenn man sie entzündete – eine unmöglich zu entrinnende Anziehungskraft auf jedes Insekt im Umkreis von mehreren Kilometern auszustrahlen schien.

Und trotzdem war es passiert! Ohne Vorwarnung war ich auch zu einem lichtabhängigen Insekt geworden, dass mit aller Kraft gegen den Sog ankämpfte, letztlich aber doch aufgrund schwindender Kräfte aufgab.

Viele Male hatten wir gemeinsam trainiert und anschließend geduscht. Und viele Male war alles ganz normal gewesen. Nur nicht an jenem Abend.

Wir hatten bis in die späten Abendstunden trainiert und nie dagewesene Wellen von Testosteron durchströmten unsere Adern. Im Kraftraum, in dem wir zwei heute Abend alleine waren, hing der stechende Duft unserer schwitzenden Körper in der Luft. Ich sehnte mich nach einer Dusche!

Während ich mich selbst einseifte, sah ich, wie Achim der Schaum durch die Ritze seines straffen Pos rann. Ich bemerkte zu spät, wie ich einen Ständer bekam. Als Achim sich umdrehte, grinste er mich breit an, sagte aber nichts. Stattdessen trat er auf mich zu und packte meinen Schwanz. Vor Schreck ließ ich mein Duschgel fallen. Während er anfing, meinen Schwanz sanft aber fordernd zu reiben, starrte er mir tief, aber bestimmt in die Augen. Ich wusste nicht wie mir geschah, und der Versuch vor Erregung nicht lautstark loszuschreien, misslang. Ohne zu zögern griff Achim mir in den Nacken und zog meinen Kopf zu sich heran. Während unsere Zungen miteinander spielten - von oben prasselte das Wasser auf unsere Körper - bearbeitete er lustvoll meine Erektion.

Rückblickend war das die spannendste Erfahrung meines Lebens, ein Moment voller überwältigender Gefühle, gepaart mit absoluter Geilheit. Dieser Mix aus Vertrautheit und Lust, bei gleichzeitig aufsteigendem Zweifel und der Frage, was nun aus Sybille würde. Darauf habe ich noch heute keine Antwort gefunden. Dafür weiß ich aber, was es war, dass mich in Achims Arme trieb. Er gab mir

Rückhalt, den ich in meiner Situation so sehr brauchte. Durch die Gespräche mit ihm erfuhr ich eine Aufmerksamkeit, die mir schon lange Niemand mehr gegeben hatte. Und möglicherweise war es auch der Reiz nach etwas Neuem, der Versuch aus etwas Unliebsamem zu entfliehen – und wenn es nur für einen kurzen Augenblick war.

Ich atme tief durch. Langsam. Dann öffnet Achim die Tür. Er lächelt mich an und küsst mich. Dann zieht er mich hinein.

Die Bluttat

Der Klang des Spatens, den er rhythmisch in die gefrorene Erde stieß, durchzog die ansonsten trostlose Nacht. Der Vollmond hing über der Lichtung und legte einen mystischen Schein über die Grube. Der Nebel, der knöchelhoch über dem Gras hing, verdeckte den Blick auf den Wald, durch den er gekommen war. Er hatte über eine halbe Stunde von der Straße hierher gebraucht und er war sich sicher, hier nicht entdeckt zu werden. Es war der richtige Platz, um diesem Verbrechen ein Ende zu setzen.

Er weinte bitterlich. Das Blut klebte noch immer an seinen Händen. Mit dem Ärmel wischte er sich durch das Gesicht, um seinen Blick zu klären. Als er hinsah, entdeckte er den Rotz, der in Fäden von seinem Mantel hing.

Er verfluchte, was passiert war. Er spürte die Wut, die durch seine Adern strömte, den Zorn .... und den Hass, der ihn dazu veranlassen würde, das zu tun, was notwendig war.

»Der Tote dieses Abends wird nicht der Letzte gewesen sein!«

Seine Stimme war dunkel. Er sprach langsam, aber bedächtig, so als betonte er jede Silbe ganz besonders, um so seiner Verachtung und seinem Zorn noch mehr Nachdruck zu verleihen.

Er blickte hinab in das Loch. Es war tief genug, um die Leiche zu begraben.

Es war Mord gewesen! Kaltblütiger Mord. Er hatte keine Reue gezeigt. Und er würde dafür bezahlen müssen - derjenige, der seinen besten Freund ermordet hatte.

Dabei war es seine eigene Schuld. Er hatte es selbst zu verantworten, dass Tommy diesem Kerl zum Opfer gefallen war. Ihm und seinem Freund.

»Ich war es gewesen, der zu so später Stunde noch raus wollte. Tommy hatte es sich zu Hause bereits gemütlich gemacht und war schon fast eingeschlafen. Aber ich konnte' einfach nicht locker lassen, bis er dann doch endlich mitgegangen ist.« Der Schmerz brannte sich in seinen Magen. »Tommy könnte noch leben, wenn ich nicht …«.

Er schluchzte.

Er erinnerte sich. Tommy war für ihn wie ein Bruder gewesen und, wenn er ehrlich war, sein einziger Freund seit er sich dazu entschlossen hatte, sein Leben möglichst alleine zu bewältigen. Er hatte sich nach all den Erfahrungen der Vergangenheit, den Verletzungen, den langwierigen Behandlungen und Therapien dazu entschieden, das Leben eines Einsiedlers zu führen - bis er Tommy kennen lernte. Tommy besaß Eigenschaften, die ihm gänzlich fehlten. Tommy ergänzte ihn auf eine Art, die er so nicht kannte. Noch kein anderer Mensch hatte es geschafft, diese Gefühle in ihm auszulösen. Kein anderer Mensch. Und dann tapste durch einen Zufall dieser Welpe in sein Leben.

Seit knapp vier Jahren waren Tommy und er unzertrennlich gewesen. Gemeinsam hatten sie Höhen und Tiefen erlebt und dank Tommy hatte er auch damit angefangen, das Leben wieder zu meistern. Nach dem Horror seiner Vergangenheit schaffte er es durch seinen treuen Begleiter auf vier Pfoten, endlich einen Weg einzuschlagen, der gut für ihn gewesen war. Es ging ihm wieder so gut, dass das Geschehene beinahe zu einem grauen Schleier seiner Gedanken geworden war – schemenhaft, beinahe unwirklich.

Sein Psychiater hatte ihm einmal vorgeworfen, Selbstmord gefährdet zu sein. Das hatte er natürlich vehement abgestritten. Aber wenn er ehrlich war: Ohne Tommy wäre er vermutlich an seiner Vergangenheit erstickt, an gebrochenem Herzen gestorben.

Ein Windhauch riss ihn aus seinen Gedanken. Tommy war tot, daran gab es nichts zu rütteln. Sein Hund - sein einzig wahrer Freund - wurde vor seinen Augen überfahren.

Der Sportwagen war viel zu schnell gewesen auf einer Strecke außerhalb der Stadt, die bereits viele Opfer zu verzeichnen hatte. Der Fahrer und sein Freund waren höchstens Anfang zwanzig gewesen. Nach dem Zusammenstoß hatten sie angehalten und sich umgesehen – vermutlich vor Schreck. Er hatte sie lautstark diskutieren hören, aber Niemand war ausgestiegen. Und als sie ihn kommen sahen, rasten sie einfach davon.

Er war direkt auf Tommy zugestürmt. Er hatte wimmernd und blutend, aber reglos auf dem Asphalt gelegen. Und es hatte nur kurz gedauert, bis das Wimmern endgültig verstummt war. Er hatte geschrien vor Schmerz. Er wollte den Fahrer töten, und er spürte den Hass auch jetzt noch in sich.

Aber war das nicht lächerlich? Zwei halbstarke Verkehrsrowdies aus Vergeltung töten? Vergeltung für einen Hund? Schließlich hatten die beiden noch ihr ganzes Leben vor sich.

Doch für ihn war Tommy nicht bloß einfach ein Hund gewesen – und Tommy hätte auch noch sein Leben vor sich gehabt. Und was war mit ihm? Wie mochte sein Leben ohne Tommy wohl aussehen? In seinem Kopf formten sich düstere Bilder von Schmerz und Leid –

Bilder, die er so nie wieder erleben wollte. Bilder, die ihn zum Äußersten treiben würden – nämlich alles zu tun, was notwendig war, um nicht wieder so zu enden.

Sanft legte er den leblosen Körper in das Grab. Ein letztes Mal strich er seinem treuen Begleiter über das Fell. Im Stillen bedankte er sich bei ihm. Dann griff er nach der Schaufel und schloss das Grab. Nachdem alles erledigt war, setzte er sich ins Gras und dachte nach. Er war plötzlich vollkommen ruhig. Seine Tränen waren versiegt und seine Verzweiflung war dem Wunsch nach Gerechtigkeit gewichen. Er war entschlossen, dieses Verbrechen zu sühnen.

Er griff nach dem Stück Metall, das er sorgsam im Gras aufbewahrt hatte. Das Kennzeichen war vermutlich beim Aufprall mit hoher Geschwindigkeit gelöst worden und die beiden Insassen hatten es nicht bemerkt, weil sie sich nicht um ihr Opfer gekümmert hatten. Und als sie voller Panik davonbrausten, gaben sie ihm, was er benötigte, um seine Mission zu vollenden.

Genugtuung stieg in ihm auf. »Für die Täter mag das Opfer anonym bleiben, doch für mich haben die Täter schon bald ein Gesicht.«

Das Kind

Ich muss sie erzählen, die Geschichte meines Lebens. Eine Geschichte, die ich selbst heute noch nicht glauben kann, und die mein Leben mehr aus der Bahn geworfen hat, als ich es je für möglich gehalten hätte.

Alles begann in einer ungewöhnlich kalten und stürmischen Nacht im Juni. Es hatte gerade gewittert und die Schwüle, die seit vielen Tagen wie eine unüberwindbare Last in der Luft gehangen hatte, hatte sich schlagartig in eine Eiseskälte verwandelt.

Ich suchte nach Schlaf, doch dieser wollte den Weg in mein Bett nicht finden. Ihr Anruf hatte mich zu sehr aufgewühlt, denn meine Gedanken kreisten nur noch um sie. Warum hatte sie angerufen? Nach vier Jahren, die wir getrennte Wege gegangen waren, meldete sie sich aus heiterem Himmel und wollte mich treffen - Aber warum?

Diese Frage beschäftigte mich die ganze Nacht. Der Klang ihrer Stimme war trotz allem so vertraut, bereits mit ihren ersten vier Worten hatte sie mein Herz in Brand gesteckt. »Hallo Axel, ich bin`s«, war alles, was sie sagte. Es war absurd: ich hatte sie über die Jahre fast vergessen, die gemeinsamen Augenblicke aus meinen Erinnerungen gestrichen, aber in diesem kurzen Moment war da eine Mischung aus Zugehörigkeit, Zusammenhalt und einem urtümlichen Vertrauen - ähnlich wie dem eines Kindes im Mutterleib -, das stärker war als alles, was ich in meinem Leben zuvor wahrgenommen hatte.

Stunde um Stunde ging ich unser Gespräch immer wieder in meinem Kopf durch, als würde ich mir den Text eines Theaterstücks einzuprägen versuchen, und hoffte aus dem Inhalt und der Wortwahl auf ihre Intention schließen zu können. Schlimmer noch: Ich konnte sie fühlen, ganz so als wäre sie bei mir. Ich schloss die Augen und sah sie vor mir, nackt mit ihrem dunklen Teint, und ihr Odeur strömte mir in die Nase. Ich spürte, wie meine Lenden von einer prickelnden Wärme durchströmt wurden, und schlagartig war ich steinhart vor Erregung und bereit für sie. Um ihr nahe sein, ließ ich mich fallen, und sie tat mit mir, was sie schon damals wie eine Meisterin beherrscht hatte.

Ich traf sie zum ersten Mal in einem Café. Nach dem Studium hatte ich einen der begehrten Plätze in der Marketingabteilung eines Verlags ergattert und traf mich regelmäßig mit Schriftstellern, Journalisten und Wissenschaftlern, um mit ihnen die Entwürfe für mögliche Buchumschläge zu erörtern.

Während ich ein weiteres Geschäft mit einem Klienten besprach, kam sie an unseren Tisch und nahm unsere Bestellungen auf. Sie war wunderschön mit ihren lockigen, braunen Haaren, die ihr bis auf die Schultern fielen, ihrem dunklen Teint und ihrem schlanken Körper. Mein Blick heftete sich auf ihren straffen Po, als sie den Tisch verließ, so dass ich den Zweck meines Besuchs vergaß; immer wieder beobachtete ich mich dabei, wie ich nach ihr Ausschau hielt anstatt mich auf meine Arbeit zu konzentrieren. Zu meinem Entzücken warf auch sie mir des Öfteren verstohlene Blicke zu, wenn sie sich von ihren Kollegen unbeobachtet glaubte. Das beflügelte mich.

Nachdem sich mein Gesprächspartner zufrieden von mir verabschiedet hatte, winkte ich sie herbei, um die Rechnung zu begleichen.

»Das sah ja irre wichtig aus«, bemerkte sie und schob mir die Quittung hin. Erwartungsvoll stand sie vor mir und lächelte mich an, wobei eine niedliche Zahnlücke zum Vorschein kam.

»Das war es auch«, sagte ich, um ihr zu imponieren. »Der Typ ist ein total angesagter Schriftsteller. Er ist zwar noch nicht so richtig bekannt, aber mit ihm werden wir ein Vermögen verdienen.«

Ohne auf den Beleg zu schauen, legte ich ihr zwei Zwanziger hin, griff nach meinem Mantel und deutete an, sie könne den Rest behalten.

Sie lachte. »Der Typ scheint echt wichtig zu sein, wenn du mir fast dreihundert Prozent Trinkgeld geben kannst. Ich sollte den Beruf wechseln.«

Ich schluckte. Bitte nicht rot werden, dachte ich, denn mein Verhalten war mir peinlich. Ich bat zu Gott, dass sie mich nicht für einen protzigen Wichtigtuer hielt.

Rasch nahm ich einen der Zwanziger vom Tisch und steckte ihn in meine Hosentasche, warf mir meinen Mantel über und verließ das Café, ohne einen weiteren Ton zu sagen.

Als ich zu Hause ankam, bereute ich bereits, verschwunden zu sein, ohne mit ihr ins Gespräch zu kommen. Dieser Fauxpas wäre ideal gewesen, um die Situation mit einem lockeren Spruch zu retten und mich vorzustellen. Stattdessen hatte ich mich wie ein dummer Schuljunge davon gemacht - wenn sie mich nicht sogar für einen neureichen Flegel ohne Manieren hielt.

Ich weiß nicht, ob es die Frau oder mein unvorteilhafter Abgang war, der mich dazu veranlasste, in den folgenden Wochen fast täglich das Café aufzusuchen. Was immer es auch war, es hatte verdammt viel Wirkung auf mich gehabt. Ich verlegte meine Mittagspausen, zog sie vor - je nachdem, ob ich erwartete, sie wieder zu sehen. Und das tat ich dann auch!

»Schön, dass du gekommen bist!«

Anna lächelte bis über beide Ohren, als sie mich sah. Sie nahm mich zur Begrüßung in den Arm und drückte mich. Ich bemerkte, dass sie noch immer das Parfüm trug, das ich ihr einmal zum Geburtstag geschenkt hatte - eine exotische Mischung aus Vanille und Kirschblüten.

Wir lösten uns voneinander und ich setzte mich zu ihr an den kleinen Ecktisch. Anna brach als Erste das Schweigen.

»Es ist lange her!«

»Viel zu lange. Und trotzdem hast du dich nicht verändert. So schön wie damals«, antwortete ich.

»Und du versuchst noch immer jede Frau schneller ins Bett zu kriegen, als die Jungs von der Werkstatt dir die Reifen wechseln können!«

Ich war mir nicht sicher, ob dieser Seitenhieb beabsichtigt war, auch wenn sie recht hatte. Ich war gerne jedem viel zu kurzen Rock mit einem Paar viel zu langer Schenkel nachgelaufen - auch in der Zeit, in der wir zusammen waren. Ich hatte nichts anbrennen lassen, wozu auch? Ich war jung und wollte das Leben genießen. Ich hätte niemals gedacht, dass Anna ganz andere Pläne für ihre Zukunft mit mir hatte.

»Ach, um mich ist es viel ruhiger geworden«, sagte ich. Das stimmte sogar, wenn man das ›seit letzter Woche, seit deinem Anruf‹ verschwieg.

Es war wie ein Fausthieb, nur mit Worten. Als hätte sie mir glühende Nadeln durch die Brust gejagt.

Anna griff nach ihrer Handtasche, kramte darin herum und brachte ein Foto hervor.

»Das ist sie, meine Tochter Amelie.« Sie schob mir das Bild entgegen. »Sie ist vor kurzem drei Jahre alt geworden.«

Sie hatte ein Kind. Ein Kind! Das hatte sie sich immer gewünscht, doch ich hatte mich stets zur Wehr gesetzt und schon alle Hände voll damit zu tun, die Verantwortung für mich selbst zu tragen. Was hätte ich mit einem Baby anfangen können?

Auch wenn ich mich für sie freute, es schmerzte, dass sie ihren Lebenstraum mit einem anderen Mann verwirklicht hatte. War ich wirklich so naiv zu glauben, dass sie auf mich warten würde, darauf, dass ich endlich erwachsen wurde und bereit war, Verantwortung zu übernehmen?

»Sie ist hübsch«, sagte ich und bemühte mich, meine Enttäuschung zu verbergen. Ich blickte für einen kurzen Moment vom Bild auf in ihr Gesicht und sah, wie sie die Stirn in Falten gelegt hatte.

»Möchtest du nichts anderes sagen?«, wollte sie wissen.

Ich wollte nichts sagen, überhaupt nichts. Am liebsten wäre ich aufgestanden und gegangen, so wie damals bei unserem ersten Treffen, nur dass ich diesmal nicht zurückkommen würde.

Weil mir nichts Besseres einfiel, fügte ich hinzu: »Sie sieht aus wie du.«

Sie schüttelte den Kopf. »Ich glaube, du verstehst nicht …«

Ich nickte. Natürlich verstand ich. Sie hatte eine Tochter, sie führte jetzt das Leben einer Erwachsenen, das Leben einer Mutter. Da blieb keine Zeit für einen unreifen Egoisten wie mich, dem es mehr darum ging, seinen Spaß zu haben, als sich ernsthaft seinem Alter gemäß zu verhalten - und dem es völlig egal war, ob er dabei die Menschen um sich herum verletzte.

Sie starrte mich erwartungsvoll an. »Amelie ist gerade drei geworden. Drei Jahre, verstehst du? Amelie ist deine Tochter.«

Ich brauchte einige Minuten, bis ich begriff, was das bedeutete. Auf einmal hatte ich eine Tochter. Bis eben hatte ich noch geglaubt, sie hätte einen Anderen, ich hatte mich schon verabschiedet von dem Gedanken, sie zurück zu bekommen, weil ein Fremder der Vater ihres Wunschkindes war. Aber plötzlich war alles anders. Plötzlich hatte ich eine Tochter und war damit unweigerlich für immer in ihrem Leben verankert. Ich war der Vater dieses Kindes, und sie hatte es mir verschwiegen.

Ich rechnete nach. Wenn sie jetzt drei Jahre alt war, dann …

»Ich war in der sechsten Woche, als ich mich von dir getrennt habe«, sagte sie, als könnte sie meine Gedanken lesen. »Ich konnte einfach nicht mehr. Ich konnte nicht beides haben, ein Kind und einen Mann, der sich wie eines verhält. Das war zu viel für mich.«

Sie hatte es von Anfang an gewusst, hatte mich belogen. Ich kochte vor Wut, gestand mir aber ein, dass dieser Weg für sie wahrscheinlich der Richtige gewesen war. Ich hatte ihr das Leben schwer gemacht und ehrlich gesagt auch nicht bereut, als sie auszog.

»Ich werde es überleben«, schrie ich ihr nach, als sie mit ihren Koffern meine Wohnung verließ, und bereits nach wenigen Minuten konsultierte ich mein Adressbuch, um eine Frau zu finden, die bereit war, meinen Schmerz zu lindern. So hatte ich mein Leben genossen und Trost gefunden.

»Ich möchte, dass du sie kennenlernst. Sie ist so süß. Und klug. Du wärst wirklich stolz auf sie, wenn du wüsstest, wie weit sie für ihr Alter schon ist.«

Ich wusste nicht, was ich sagen sollte. Ich fühlte mich innerlich zerrissen und irgendwie überrumpelt. Sie hatte mich bewusst hintergangen, weil sie dachte, ich wäre unfähig oder unwillig, die Verantwortung für ein Kind zu übernehmen. Nach vier Jahren tauchte sie dann über Nacht wieder in meinem Leben auf und überbrachte mir ohne Vorwarnung diese Nachricht. Wahrscheinlich erwartete sie von mir, die Situation zu akzeptieren.

Stumm rückte ich meinen Stuhl ein Stück nach hinten und hielt kurz inne. Ich konnte entweder bleiben, um mit Anna über ihre Beweggründe zu sprechen und mir alles über meine Tochter erzählen zu lassen, oder ich konnte gehen und sie aus meinem Leben streichen. Ich könnte so tun, als hätte dieses Treffen nie stattgefunden, und mein Leben weiterleben wie bisher.

Ich entschied mich für Letzteres.

Als ich gehen wollte, hielt sie mich am Arm zurück.

»Warte!«, bat sie mich. »Ich weiß, das alles kommt sehr überraschend für dich ...«

Es platzte aus mir heraus.

»Überraschend?«, fuhr ich sie an. »Ich hatte nicht die leiseste Ahnung. Du hast mich in der ganzen Zeit darüber im Dunkeln gelassen, und auf einmal entscheidest du dich dann doch, mich einzuweihen. Und jetzt erwartest du von mir garantiert, dass ich dir dafür danke, nicht wahr?«

Die anderen Gäste hatten sich bereits zu uns umgedreht; ich spürte, wie mich ihre neugierigen Blicke durchbohrten.

»Axel, ich erwarte überhaupt nichts von dir. Ich kann dich sogar verstehen. Du bist wütend auf mich, das ist auch in Ordnung. Aber bitte gib wenigstens ihr eine Chance, okay?«

Was sollte ich darauf antworten? Ich hatte das Gefühl, dass sie mit mir spielte. Ich musste da weg, meinen Kopf frei kriegen, verstehen, welche Auswirkungen das für mich hatte.

Anna bemerkte mein Zögern und nahm wortlos einen Notizblock aus ihrer Handtasche, auf den sie ihre Adresse und Telefonnummer kritzelte.

»Hier! Heute Abend um sechs, wenn du magst. Ich koche uns was Leckeres.«

Ich nahm den Zettel an mich und steckte ihn in meine Hosentasche.

»Wirst du kommen?«, fragte sie.

Ich zuckte mit den Schultern. »Weiß noch nicht.«

»Überleg es dir. Ich koche für dich mit.«

Ich nickte, bevor ich endgültig das Café verließ.

Ich lief ziellos durch die Stadt, wollte allein sein, und mich mit dem Gedanken anfreunden, dass ich eine Tochter hatte.

Nicht dass ich keine Kinder gewollt hätte, aber ich war bis zu diesem Tag immer davon ausgegangen, selbst über den Zeitpunkt bestimmen zu können. Als Kind hatte ich davon geträumt, eine große Familie zu gründen - etwas, das sich aber mangels der richtigen Partnerin nie ergeben hatte. Oder hatte ich mir nur selbst im Weg gestanden? Hatte ich Angst vor meinem eigenen Versagen gehabt?

Vielleicht wäre Anna ja die Richtige gewesen, wenn sie mich nicht verlassen hätte. Schon oft hatten wir über das Thema »Heirat« und »Kinder« gesprochen, beides war für mich jedoch stets weit weg gewesen - vorerst zumindest.

Nach dem, was ich erfahren hatte, stand die Situation nun anders. Ich war bereits Vater einer dreijährigen Tochter, eine Bürde, die sich für mich wie eine unüberwindbare Aufgabe anfühlte, die mein Leben aus den Fugen warf. Was wusste ich schon über die Erziehung eines Kindes? Ich war doch nicht mal in der Lage, eine vernünftige Beziehung zu einer erwachsenen Frau einzugehen, wie sollte ich also ein kleines Mädchen glücklich machen?

Ich überlegte lange, ob ich ihrer Einladung folgen sollte, doch dann wurde mir eins klar: Wenn ich Anna tatsächlich zurück gewinnen wollte, musste ich aus der Vergangenheit lernen - aus meinen Fehlern und meinem Verhalten. Ich musste beweisen, wie wichtig mir ein Neuanfang war, und die Chance nutzen, die sich mir bot. Es lag nur an mir.

Anna wollte, dass ich eine Beziehung zu Amelie aufbaute, sie kennenlernte, und wenn ich das hinbekäme, würde Anna auch sehen, wie reif ich geworden war.

Amelie. Das war ihr Name, Amelie. Das war alles, was ich von meiner eigenen Tochter wusste. Nicht viel, aber immerhin ein Anfang, eine Herausforderung - und ich war bereit, sie anzunehmen.

Nervös klopfte ich an, nach kurzem Warten öffnete mir Anna die Wohnungstür.

»Hallo Axel«, sagte sie lächelnd und bat mich herein.

Ich betrat einen langen, schlauchartigen Flur, von dem auf beiden Seiten weitere Räume abgingen. Direkt links von mir war eine Garderobe an der Wand befestigt, an der ich meine Jacke aufhing.

»Der ist ja niedlich.« Anna deutete auf den kleinen Plüschhund, den ich im Arm hielt. Er hatte riesige braune Schlappohren und große, aufgenähte Knopfaugen und war für Amelie bestimmt - auch wenn ich mir ziemlich hilflos damit vorkam.

Ich reichte Anna den Hund. »Der ist für Amelie. Ich hoffe, sie mag Hunde.«

»Sie liebt Hunde«, versicherte sie und Anna führte mich den Gang entlang, an der großen Küche vorbei, zum zweiten Raum auf der rechten Seite. Amelie saß auf dem Fußboden und spielte, als wir das geräumige Wohnzimmer betraten.

Anna zeigte ihr das Stofftier, während ich im Türrahmen stehenblieb. Amelies Augen strahlten vor Freude; die Spielzeugautos, mit denen sie sich bis eben noch beschäftigt hatte, schienen vollkommen vergessen.

Ich beobachtete, wie sie sich aufrappelte zu ihrer Mutter tappte, um dieser das Mitbringsel zu entreißen. Anna beugte sich herunter und flüsterte ihr etwas ins Ohr, bis ich bemerkte, dass sie mit dem

Finger in meine Richtung wies. Erst jetzt erkannte Amelie, dass ein Fremder in der Tür stand.

Sie wirkte schüchtern und verunsichert, musterte mich aber mit voller Aufmerksamkeit.

»Hallo«, sagte sie leise und drückte das Stofftier dabei fest an sich.

Ich ging in die Hocke, um auf einer Augenhöhe mit ihr zu sein und so eine Vertrauensbasis zwischen uns zu schaffen. Ich wollte ihr die Angst nehmen, zeigen, dass ich ihr nicht wehtun wollte, sie aber die Entscheidung hatte, ob sie sich mir öffnen würde.

Für einen Moment schwiegen wir beide, dann beschloss ich, das Eis zu brechen.

»Und, gefällt dir der Hund?«

Ihre Gesichtszüge formten sich zu einem zuckersüßen Lächeln, sie nickte und hüpfte vor Freude.

Wir saßen gemeinsam auf dem Teppich und spielten, während Anna die Küche putzte. Sie hatte Pasta gekocht, und Amelie hatte dies anscheinend als Einladung für einen neuen Wandanstrich verstanden.

Es faszinierte mich zu sehen, wie groß ihr Interesse für Autos war. Sogar die Geräusche, die sie imitierte, wenn sie den kleinen roten Porsche über den Teppich schob, waren ziemlich realistisch. Dabei hatte ich immer angenommen, Mädchen würden ihre Aufmerksamkeit nur auf Puppen richten - ein Irrtum; anscheinend lag wohl doch Vieles von dem, was Kinder taten oder dachten, in der Erziehung der Eltern begründet. Anna hatte sich schon damals über Eltern aufgeregt, die ihre Kinder in klassischen Rollenmustern erzogen - Jungs waren blau, Mädchen rosa. Jungs spielten mit Autos, Mädchen mit Puppen, Pferden und Kaufmannsläden.

»Brumm brumm.« Amelie raste über den Teppich und ließ zwischendurch immer mal wieder die Reifen des Porsches quietschen, wenn sie waghalsige Bremsmanöver vollführte, während ich mit meinem blauen Traktor langsam umher tuckerte. Ehe ich mich versah, entriss sie mir den Traktor, stellte ihn vor sich ab und schob den Porsche geräuschvoll hinein.

»Polizei!«, sagte sie kichernd und deutete mit dem Finger auf mich.

Ich verstand und gehorchte. Sofort ballte ich meine Hand zur Faust, führte sie vor meinen Mund und begann einen Notruf abzusetzen.

»Einheit eins an Zentrale. Ich habe hier eine junge Dame mit einem zauberhaften Lächeln und einem kleinen Plüschhund, die mit ihrem Porsche in einen Unfall geraten ist. Ich benötige alle Einheiten, um den Unfallort abzuriegeln.«

Dann drehte ich meinen Kopf ein Stück zur Seite und kopierte mit meiner Stimme das Rauschen und Knistern eines Funkgeräts. »Verstanden Einheit eins. Brauchen Sie einen Rettungswagen?«

Ich betrachtete sie fragend. »Brauchen wir?«

Amelie nickte und zeigte auf den Plüschhund.

»Wie es aussieht ist sie in Ordnung, aber der Hund hat etwas abbekommen.« Ich wechselte erneut die Stimmlage, so als würde die Einsatzzentrale antworten. »Verstanden, Einheit eins. Der Rettungswagen ist schon unterwegs.«

Ohne Vorwarnung sprang ich auf, packte sie und lief mit ihr die Sirene eines Krankenwagens nachahmend durchs Wohnzimmer.

»Achtung, Achtung, bitte machen Sie die Straße frei, wir haben einen dringenden medizinischen Notfall.«

Ich wirbelte sie herum, kitzelte sie und Amelie quiekte vergnügt.

»So ihr zwei, einer von uns muss langsam mal ins Bett.«

Ich hatte nicht bemerkt, wie Anna herein gekommen war. Sie stand mit verschränkten Armen an den Türrahmen gelehnt und schmunzelte.

Mein Blick fiel zu Amelie, die noch immer giggelnd auf meinem Arm saß und kein bisschen müde zu sein schien. Ich sagte lachend: »Gut, dann lass dich von uns nicht weiter stören. Schlaf gut.«

Meine Finger bohrten sich zurück in Amelies Bauch, die von meiner Kitzelei erneut wie wild zu schreien begann.

Annas Miene verfinstere sich. »Ich meine es ernst. Schluss jetzt!«

Enttäuscht setzte ich die Kleine ab. »Du hast es gehört. Mama sagt, du musst ins Bett, also sollten wir besser gehorchen.«

Amelie nickte, die Enttäuschung stand ihr deutlich ins Gesicht geschrieben. Das bemerkte auch Anna.

»Aber vielleicht möchtest du Axel ja dein Zimmer zeigen, bevor du dich hinlegst. Wie wäre das?«

Das wundervolle Leuchten kehrte in Amelies Augen zurück. Sie griff nach dem Stoffhund, der inmitten der Unfallszene auf dem Teppich lag, klemmte ihn in der Armbeuge fest und führte mich an der Hand in ihr Zimmer.

Amelie schlief tief und fest. Anna und ich saßen auf der Couch im Wohnzimmer, tranken Rotwein und versuchten die Ereignisse der letzten Jahre Revue passieren zu lassen.

»Sie mag dich«, sagte Anna plötzlich und nippte an ihrem Rotwein.

»Ich sie auch. Sie ist verdammt niedlich, eine richtige Frohnatur. Das muss sie von dir haben«, antwortete ich und stellte mein Glas auf dem Tisch ab.

»Eigentlich erinnert sie mich jeden Tag mehr an dich. Sie hat einen ziemlichen Dickkopf und manchmal ist sie kaum zu bändigen.«

Ich lachte. »Ich ein Dickkopf? Unmöglich! Ich fühle mich missverstanden.«

Meine Unschuldsmiene brachte sie zum Lachen.

»Bekloppter Idiot!« Sie warf mir ein Couchkissen zu, das ich erfolgreich abwehrte.

Schweigend griff ich zu meinem Glas und nahm einen weiteren Schluck des Bardolinos, ließ sie dabei aber nicht aus den Augen. Wir schwiegen uns für einen Moment an, jeder in seine Gedanken versunken, bis sie fragte: »Was denkst du über sie?«

»Sie ist wirklich fantastisch. Du hast einen guten Job mir ihr gemacht - und das vollkommen alleine, ohne jegliche Unterstützung meinerseits.«

Ich stellte mein Glas ab und rückte näher an Anna heran, blickte tief in ihre Augen und berührte sanft ihr Knie, erst zögerlich, und als kein Widerstand von ihrer Seite kam, noch deutlicher.

»Wenn ich damals gewusst hätte, dass wir eine so wunderschöne und kluge Tochter bekommen würden, hätte ich mich wahrscheinlich nicht so verhalten. Ich war unreif und hatte Angst vor dem Unbekannten. Aber ich habe mich geändert.«

Ich bemerkte, wie sie ihre Hand auf meine legte, und ab da begannen die Sekunden wie Stunden zu verstreichen; ihre Augen waren noch genauso schön wie damals, so verträumt und warm, und sie löste noch immer eine nie da gewesene Geborgenheit in mir aus. Die alte Leidenschaft flammte in uns beiden wieder auf. Wir küssten uns tief und innig, mit einer unglaublichen Gier, wie ich sie seit Jahren nicht mehr empfunden hatte.

Erschrocken löste sie sich von mir, entschuldigte sich und rückte von mir ab.

»Ich wollte nicht, dass das passiert, als ich dich eingeladen habe. Ich blöde Kuh.«

Anna wirkte verstört, und ich sah, wie sie ihren Blick von mir ab in Richtung Boden wendete.

»Du brauchst dich nicht zu entschuldigen. Wir wollten das doch beide.«

Anna sah mich kurz an, senkte ihren Blick dann aber wieder.

»Ja … Nein … Ich weiß nicht, was ich will. Und das ist auch völlig egal. Ihr solltet euch doch nur kennen lernen, das war alles.«

Ich spürte, dass das nicht stimmte. Da war noch mehr. Anna verschwieg mir etwas.

»Warum jetzt?«, fragte ich. »Warum nach vier Jahren? Heute Mittag hast du mir noch vorgeworfen, dass ich damals wie ein Kind war. Woher weißt du, dass ich nicht mehr dieses große Kind bin, für das du mich gehalten hast?«

Anna dachte kurz nach, sie schien nach Fassung zu ringen.

»Das weiß ich nicht und das will ich auch nicht. Im Gegenteil: Ich habe sogar gehofft, dass du noch der gleiche Mensch bist, den ich damals verlassen habe, nur mit dem Unterschied, dass du, wenn du Amelie triffst, vielleicht bereit sein könntest, Verantwortung zu übernehmen. Und weißt du was? Du hast mir heute gezeigt, dass auch große Kinder wie du ihr Herz am richtigen Fleck tragen können.«

»Ich verstehe nicht«, sagte ich wahrheitsgemäß. Was war los mit ihr? »Warum hast du deine Meinung letztendlich doch geändert?«

Anna schwieg, aber im matt flackernden Kerzenlicht sah ich, wie ihr dicke Tränen über die Wangen rannen.

»Anna, was ist los mit dir? Ich habe ein Recht, es zu erfahren!«

»Manchmal ändern sich die Lebensumstände eben unverhofft, und dann muss man das auch akzeptieren.«

»Brauchst du Geld?«, fragte ich reflexartig. »Ist es das, warum du deine Meinung geändert hast? Willst du, dass ich Unterhalt bezahle?«

Sie schüttelte mehrmals den Kopf, vermied jedoch weiterhin den Blickkontakt mit mir.

»Nein, ich wollte nie Geld von dir. Ich habe damals entschieden, dass ich das Kind alleine großziehen möchte, ohne dich. Da wäre es nicht fair gewesen, Geld von dir zu nehmen.«

Ich war erleichtert. Nicht, weil sie etwa hätte Geld von mir haben wollen - das war kein Problem. Ich verdiente gut und hatte Einiges zurückgelegt, so dass ich ihr wahrscheinlich sogar den Unterhalt der letzten Jahre auf einmal hätte zahlen können. Ich war nur froh, dass sich Anna langsam zu öffnen schien.

»Also, was ist es dann?«, hakte ich sanft nach.

Zum ersten Mal seit Minuten hob Anna den Kopf und sah mich direkt an. Ich erkannte, wie rot und aufgequollen ihre Augen waren, das Gesicht nass und voller Tränen.

Mit zittriger Stimme sagte sie: »Ich habe einen Tumor im Kopf. Ich werde sterben. Schon bald!«

Die Diagnose änderte alles. Auch wenn ich sie noch liebte, es war klar, dass diese Liebe keine Chance hatte. Wir waren hilflos und schwach, und ihr Körper würde dem Todeskampf bald erliegen.

Wir sprachen die ganze Nacht darüber; sie erzählte, wie sie vier Wochen zuvor von ihrem Zustand erfahren hatte und wie die Welt für sie zusammenbrach. Der Tumor saß tief im Kleinhirn und die Überlebenschancen bei einer Operation waren nur gering. Dazu kam, dass sie ihr Leben im besten Fall um ein halbes Jahr, vielleicht um ein ganzes Jahr verlängern konnte.

Eine Operation kam für Anna daher nicht in Frage. Sie wollte nicht, dass Amelie unter ihrer Krankheit litt - und je älter sie wurde, desto mehr würde sie die Qualen ihrer Mutter mitbekommen. Amelie sollte so unbeschwert wie möglich aufwachsen, und Anna glaubte, das könnte sie am besten bei mir.

In dieser Nacht stellte ich zum ersten Mal fest, wie meine eigenen Ängste und Vorurteile gegen meine Fähigkeiten als Vater, als Freund und als Partner wie von mir abfielen. Auf einmal wusste ich, dass ich dazu in der Lage war, dass ich tun konnte, was nötig war. Deshalb entschieden wir, die restliche Zeit gemeinsam als Familie zu verbringen.

Die erste Zeit war schwierig für uns, schließlich mussten wir uns alle erst daran gewöhnen, den Alltag miteinander zu verbringen.

Besonders für Amelie war es irritierend, dass ich beinahe täglich bei ihnen war, und dabei nicht nur mit ihr spielte, sondern mich auch liebevoll um Anna kümmerte. Mit jedem neuen Tag näherten wir uns einander aber an und nutzten die Chance, soviel Zeit wie möglich miteinander zu verbringen: Wir gingen in den Zoo, besuchten Freizeitparks und fuhren zusammen in einen Familienurlaub an die Ostsee.

Doch egal was wir taten, egal, wie sehr wir die tödliche Krankheit in Annas Körper zu vergessen suchten, wir konnten den Tod nicht aufhalten. Es dauerte fast sechs Monate bis sich ihr Zustand derart verschlechtert hatte, dass die Ärzte sicher waren, sie würde innerhalb einer Woche sterben.

Amelie wohnte in der Zwischenzeit schon öfter bei mir. Zwar hatten wir von Annas Krankheit erzählt, ließen allerdings die schrecklichen Details weg, damit sie verstand, warum zukünftig ich und nicht Anna mit ihr leben würde.

Dann kam der Tag vor dem ich mich so lange gefürchtet hatte. Die Ärzte hatten mich gerufen, denn Anna ging es merklich schlechter. Sie lag bereits im Koma, als ich ankam; ich beobachtete sie und für mich ähnelte ihr Zustand einem unruhigen Schlaf, wohlwissend, dass sie höllische Schmerzen hatte. Immer wieder nickte sie weg, war nicht ansprechbar, wachte dann für eine Weile wieder auf und nahm ihr Umfeld wahr. Sie fristete ein Dasein, das ich nicht mal meinem ärgsten Feind gewünscht hätte.

Auch diesmal öffnete sie die Augen, nur leicht, und blinzelte mich an.

»Anna? Ich bin's«, sagte ich mit sanfter Stimme und drückte dabei leicht ihre Hand.

Sie drehte ihren Kopf ein Stück zur Seite, um mich noch besser mit ihren Augen zu fixieren.

Ein schrecklicher Schmerz durchfuhr mich. Warum?, fragte ich mich. Anna war die liebste Person, die ich kannte. Sie war eine tolle Mutter und eine wunderbare Frau. Boshaftigkeit kannte sie nicht. Und jetzt lag sie vor mir, menschenunwürdig mit verkrampftem Gesicht, und kämpfte einen Kampf, den sie unweigerlich verlieren würde.

Sie sprach mit heiserer Stimme: »Wirst du mit ihr klar kommen?«

Ich nickte, rang gleichzeitig aber mit mir, um nicht die Fassung zu verlieren. Sei stark!, befahl ich mir, wenigstens für ein paar Minuten. Ein paar entsetzliche Minuten.

Anna nahm alle verbliebende Kraft in ihrem geschwächten Körper zusammen. Sie beschwor mich, auf Amelie aufzupassen. Wir sprachen über die Zukunft, die ich unserer Tochter bieten wollte, über all die Dinge, die Anna nicht mehr erleben würde, und ich versprach ihr, Amelie gleichzeitig Vater und Mutter zu sein.

Anna formte ihr Gesicht zu einem Lächeln.

»Gut!«, sagte sie und drückte meine Hand ein letztes Mal. »Weißt du, ich habe nie aufgehört dich zu lieben. Und jetzt liebe ich dich noch mehr, denn ich weiß, dass du es gut machen wirst.«

Ich verlor die Kontrolle über mich. Tränen schossen in meine Augen. Ich schluchzte.

Anna blickte mich an. Durch meine verschwommenen Augen sah ich, dass sie müde wirkte.

Sie versuchte etwas zu sagen.

»Axel …«

Während ich noch immer Annas Hand hielt, wischte ich mit dem Ärmel des anderen Arms die Tränen fort. Ich muss stark sein, erinnerte ich mich selbst. Dann sah ich zu ihr herunter.

»Ja?«

»Ich möchte das du gehst!«, sagte sie und ließ meine Hand los. »Für immer. Du sollst mich so in Erinnerung behalten, wie ich jetzt bin.«

Sie meinte es ernst und ich diskutierte nicht mit ihr. Ich ging, und erst im Auto brach es erneut aus mir heraus.

Anna ist tot. Schon lange. Und trotzdem denke ich beinahe täglich an sie. Unsere letzte Begegnung lässt mich einfach nicht mehr los. Ich schaffe es nicht, mit Jemandem darüber zu sprechen.

Amelie ist ihrer Mutter so ähnlich geworden, weniger optisch als vielmehr vom Charakter. Sie ist warmherzig, liebevoll und unheimlich klug.

Ich habe alles getan, um aus meiner Tochter einen guten Menschen zu machen, um sie groß zu ziehen, und die ersten drei Jahre, die ich nicht für sie und ihre Mutter da war, aufzuholen. Ich habe versucht, ihr Mutter und Vater zugleich zu sein. Ich erinnere mich noch, als wäre es gestern gewesen, als ich Amelie auf dem roten Fahrrad, dass sie sich gewünscht hatte, das Radfahren beibrachte. Sie war mutig und wollte es unbedingt ohne Stützräder lernen, um nicht am ersten Schultag als einziges Kind nicht fahren zu können. Zunächst hatte sie eine Menge Respekt davor und wollte nicht, dass ich sie loslasse. Dann, sie war bereits einige Meter mit meiner Hilfe gefahren, rief sie strahlend: »Papa, lass mich los, ich kann das jetzt alleine.« Und in der Tat: Amelie fuhr alleine. Zum ersten Mal in meinem Leben war ich für meine Tochter überflüssig geworden.

Ich begleitete meine Tochter an jedem wichtigen Moment in ihrem Leben, alles andere stand für mich hinten an. Egal ob Beruf oder Privatleben, nichts war wichtiger als Amelie - auch nicht die Suche nach einer neuen großen Liebe.

Ich war bei ihrer Einschulung dabei, half ihr bei ihrem ersten Liebeskummer, unterstützte sie bei allen darauf folgenden Liebeskummern, ja, sogar bei ihrer ersten Periode habe ich mich für einen Mann gut geschlagen. Und dann auf einmal machte sie schon ihr Abitur.

Alles geht so verdammt schnell. Von heute auf morgen werden die Kinder erwachsen, verlassen das Haus, um studieren zu gehen. Man geht jeden Schritt seiner Kinder mit, erfreut sich daran, wie sie sich entwickeln, muss aber auch akzeptieren, dass man irgendwann nicht mehr gebraucht wird. Und dann kommt der Punkt, an dem man sich fragt, wie man das eigentlich geschafft hat.

Ich weiß es bis heute nicht. Ich habe aus der kleinen Amelie eine wunderbare Frau gemacht und genau das macht den heutigen Gang auch zum Schwersten in meinem Leben.

Ich drehe mich um und blicke in das strahlende, mit Sommersprossen bedeckte Gesicht meiner Tochter. Sie ist dezent geschminkt und in ihren toupierten Haaren stecken weiße Perlen.

»Bist du bereit?«, frage ich lächelnd und stelle überrascht fest, dass Amelie noch nie so schön war, wie an diesem Tag.

Sie nickt. Ich greife ihren Arm, hake sie ein. Sie heiratet und ich übergebe sie heute ihrem Mann. Und ich freue mich auch für sie, wirklich, aber trotz allem bin ich schon wieder überflüssig geworden.

Es ist der schwerste Gang in meinem Leben.

Als der erste Schnee fiel

Als der erste Schnee fiel, war Marina zuversichtlich. Jetzt, fünf Tage später, war diese Zuversicht der schieren Verzweiflung gewichen. Es war Weihnachten. Und dennoch war sie nicht in festlicher Stimmung. Dabei hätte alles perfekt sein können.

Das war nicht immer so gewesen. Anders als wohl die meisten Menschen hatte Marina keine schönen Erinnerungen an Weihnachten im Kreis der Familie. Bis vor wenigen Jahren hatte sie das Fest der Liebe nur mit Hektik, Geschenkestress, Rumgeschreie, überfüllten Kaufhäusern, aggressiven Last-Minute-Shoppern und pseudo-idyllischem Weihnachtsgedudel verbunden. Die wenigen Momente, die sie als besinnlich identifizieren konnte, hatte sie mit sich selbst verbracht. Sie erinnerte sich an den Duft von weihnachtlichem Gebäck, das sie in zahlreichen Backorgien gebacken hatte. Sie spürte das Piksen der Nadeln beim Schmücken des Baumes und roch diese Mischung aus Tannenduft, Vanille und Zimt in ihrer Wohnung. Sie hörte das Knistern des Papieres beim Einpacken der Geschenke, von denen Sie wusste, dass ohnehin nur sie selbst diese öffnen würde.

Sie seufzte. Diese Erinnerungen waren schon beinahe völlig verblasst. So wie damals alleine Weihnachten zu feiern, war unvorstellbar geworden. Auch deswegen hatte sie beschlossen, Nick zu überraschen und ihn an seinem Einsatzort zu besuchen.

Es war das erste Mal seit sie sich kannten, dass Marina ohne ihren Verlobten Weihnachten feiern musste. Das erste Mal seit acht Jahren. Und eigentlich müsste sie auch nicht das ganze Fest auf Nick verzichten, denn am 26. Dezember würde er zurück sein. Doch allein der Gedanke, Weihnachten in einer geschmückten Wohnung, vor einem Berg Geschenke und ohne ihren Traummann zu verbringen, hatte sie wahnsinnig gemacht.

Als der erste Schnee fiel, hatte sie gerade im Internet das Flugticket gebucht. Sie würde nachmittags in Berlin das Flugzeug nach Prag besteigen, mit ausreichend Puffer vom Flughafen zu seinem Hotel fahren und ihn gegen Abend, nur mit einem langen Mantel bekleidet, auf seinem Hotelzimmer überraschen. Sie war sich sicher, irgendwo eine Ecke zu finden, wo sie sich ihrer Kleider entledigen konnte, um ihm dann das Weihnachtsgeschenk seines Lebens zu bereiten. Das war zumindest der Plan gewesen.

Jetzt, fünf Tage später, war davon nicht mehr viel übrig geblieben. Nicht nur, dass das Flugzeug bereits mit gehöriger Verspätung gestartet war – es hatte seinen Bestimmungsort auch nie erreicht. Auf halber Strecke wurde das Flugzeug nach Dresden umgeleitet, da in Prag die Landebahn wegen starken Schneefalls gesperrt worden war. Die Idee, mit einem Mietwagen weiter voranzukommen, musste sie ebenfalls abtun, da die Zahl der verfügbaren Fahrzeuge nicht ausreichte. Zwar bestand noch die Möglichkeit mit dem Zug weiter zu reisen, allerdings war um diese Uhrzeit die Verbindung so schlecht, dass sie ihr Ziel nicht vor dem nächsten Morgen erreichen würde. Sie war gestrandet!

Mit Nick hatte sie den Mann ihres Lebens gefunden, ein sensibler Mann, der ihr Sicherheit gab und sie gleichzeitig in jeder Situation zum Lachen bringen konnte. Nick war liebevoll und zärtlich und trotzdem ehrgeizig. Er kämpfte für seine eigenen Interessen und Ziele genauso, wie er es für Marina tat. Nick kämpfte für das was er liebte – und dafür liebte sie ihn.

Und nun, zum ersten Mal seit vielen Jahren, fühlte sie sich einsam und verlassen. Marina zitterte. Nicht dass es etwa kalt gewesen wäre, sie fror innerlich. Dieses Weihnachten versprach das schlimmste Fest aller Zeiten zu werden. Daran konnte auch *Last Christmas*, das aus den Lautsprechern drang, nichts ändern.

Marina setzte sich auf eine Bank, um sich auszuruhen und nachzudenken. Sie schaute auf die Uhr. Bevor sie ins Flugzeug gestiegen war, hatten sie verabredet, um diese Uhrzeit miteinander zu telefonieren. Sie hatte ihn angelogen und gesagt, sie hätte noch kurzfristig Besorgungen zu machen, wäre dann aber erreichbar. Sie hatte damit gerechnet, zu diesem Zeitpunkt schon in Prag angekommen zu sein und auf diese Art seinen Standort herauszufinden. Wenn sie ihn jetzt anrufen würde, müsste sie ihn wieder anlügen, damit er nicht enttäuscht wäre.

Sie wählte Nicks Nummer, doch es war besetzt. Sie versuchte es ein weiteres Mal. Erst beim dritten Mal hob er ab.

»Fröhliche Weihnachten, Süße!«

Sie strahlte, als sie seine Stimme hörte. »Hey. Dir auch. Was machst du?«

»Ich habe einen Kollegen zum Flughafen gebracht, damit dieser rechtzeitig nach Hause zu seiner Frau und seinen Kindern kommt.« Nick zögerte kurz. »Aber hier ist alles zugeschneit. Keine Starts und Landungen seit knapp zwei Stunden.«

Tja, wem sagst du das, dachte sie. »Oh, der Arme! Und was macht er jetzt? Schafft er es noch rechtzeitig nach Hause?«

»Jaja, das Weihnachtswunder ist gelungen.«

Marina stutzte. »Und wie habt ihr das gemacht?«

Nick lachte. »Hey, du kennst mich. Ich lasse mir immer etwas einfallen, oder?«

Das stimmte. Und Marina kannte ihn gut genug, um zu wissen, dass er sie am langen Arm verhungern ließ, egal wie neugierig sie auch war und egal, wie viel sie auch fragte. Sie spielten dieses Spiel immer wieder gerne und in der Regel spielte sie mit. Dazu war sie aber jetzt nicht in Stimmung.

»Ich vermisse dich.«

»Ich dich auch.« Seine Stimme war so sanft. »Ich wäre jetzt gerne bei dir.«

Marina überlegte kurz, ob sie ihm die Wahrheit sagen sollte, entschied sich dann aber dagegen. »Mir geht es genauso. Was machst du heute Abend?«

»Ich werde gleich zum ...« Stille.

»Nick?«

Es blieb still. »Marina? Ich kann dich nicht hören. Hier ...« Erneut Stille. Dann ein *Besetzt*-Ton.

Das kann doch nicht wahr sein, dachte sie. Nur fünf Minuten, mehr wollte sie doch nicht. Fünf Minuten.

Sie legte auf und wählte seine Nummer erneut. Es war besetzt.

Marina weinte. Sollte das also ihr Heiligabend sein? Frierend am Flughafen in Dresden, einsam und nicht mal in der Lage, mit Nick zu telefonieren?

In diesem Moment tippte ihr plötzlich Jemand auf die Schulter. Es war Nick.

»Wenn du weinst, fahre ich wieder!«, sagte er grinsend und nahm sie in den Arm.

Der Überläufer

Maik Sommer überlegte, ob es eine noch größere Ehre für ihn geben konnte, als seinem Land zu dienen. Er machte die Welt sicherer, denn er war in der unerschütterlichen Überzeugung aufgewachsen, dass die DDR bedroht wurde. Von der BRD, den Amerikanern, den Kapitalisten, den Imperialisten. Er hatte begriffen, dass die Mauer als zwingend notwendiger Schutzwall gegen die inneren und äußeren Feinde des Sozialismus diente. Und weil es überzeugte Helden wie ihn gab, die bereit waren, für den Erhalt der DDR zu kämpfen, würde der Sozialismus am Ende siegen.

Maiks Ehrgeiz war unermesslich. Er nutzte die ausgezeichneten Verbindungen seines Großvaters, Generalmajor und führender Kopf in der NVA, um seine Karriere anzukurbeln. Doch es war seine harte Arbeit, seine Disziplin und sein politisches Geschick, die ihn mit 31 Jahren zu einem der hochrangigsten Offiziere in der DDR-Staatssicherheit gemacht hatten. Und Maik wollte weiter. Glaubte man den Gerüchten, könnte sogar ein baldiger Aufstieg ins Politbüro bevorstehen.

Seine Chance bot sich, als er von der Affäre einer jungen DDR-Bürgerin mit einem westdeutschen Regierungsbeamten erfuhr. Der Mann, der regelmäßig als Geschäftsmann getarnt über die DDR nach West-Berlin und zurück reiste, besaß enge Verbindungen in Regierungskreise der BRD. Die junge Frau hingegen war Witwe und alleinerziehende Mutter einer dreijährigen Tochter. Maik machte sich bewusst, dass diese Beziehung ein Glücksfall für ihn war. Wenn er sie für sich nutzbar machen könnte, wäre das die größte Chance seit Günther Guillaume, das politische System der BRD zu destabilisieren. Und wenn *ihm* das gelang, war das sein Ticket ins Politbüro.

Um die junge Frau jedoch für die Stasi anwerben zu können, musste er mögliche Motivatoren finden. Grundsätzlich gab es drei Arten von Argumenten, die eine Person dazu veranlassten, die ihr wichtigsten Menschen zu verraten: Überzeugung, Gier und Erpressung. Dass diese Frau keine Überzeugungstäterin sein würde, war klar. Schließlich war sie in vollem Bewusstsein eine Affäre mit einem westdeutschen Kapitalisten eingegangen. Gier war auch immer ein legitimer Weg, einen Agenten zu rekrutieren – leider auch der instabilste. Denn egal wie viel Geld jemand besaß, man konnte nur in den seltensten Fällen in der DDR etwas damit anfangen. Geld war also nur die letzte Alternative.

Die erfolgreichste und langfristigste Rekrutierungsmethode blieb die Erpressung. Maik wusste zu gut, dass beinahe jeder Mensch irgendwelche Verfehlungen versteckte. Wenn er diesen Schwachpunkt aufdeckte, arbeitete beinahe Jeder mit ihm zusammen. Es ging als nur darum, genügend Gerüchte, Schmutz und Perversitäten auszugraben und im Zweifel auch die Familie und die engsten Freunde mit rein zu ziehen.

Maik entschied sich für die Erpressung. Seine persönliche Einschätzung der Beziehung war, dass die Frau ihre Jugend und ihr gutes Aussehen einsetzte, um ihren Vorteil daraus zu ziehen. Solange das Verhältnis zum Klassenfeind ihr also etwas brachte, würde sie diese Beziehung fortführen. Daraus folgte, dass Maik ausreichend Zeit hatte, um eine umfassende Observation und tiefgehende Recherche durchzuführen, bevor er den Kontakt mit ihr herstellte. Als er sie schließlich aufsuchte, um sie an ihre vaterländische Pflicht zu erinnern und ihre uneingeschränkte Unterstützung einzufordern, hoffte er, sie mit Argumenten überzeugen zu können. Im Zweifel war er aber auch bereit, sie durch Druck zum Einlenken zu bewegen. Die Dossiers, die er zusammengetragen hatte, würden ihm dabei helfen.

Sie saßen in ihrem Wohnzimmer. Soweit es sie betraf, sprach sie mit Leutnant Meier von der Volkspolizei. Ohne Umschweife kam Maik zur Sache: »Frau Draiser, wir wissen von der Beziehung zu einem Unternehmer aus dem Westen.«

»Keine Ahnung, wovon Sie reden.«

Sie wirkte sichtlich nervös.

Maik überreichte ihr eins der Dossiers aus seiner Aktentasche. Skeptisch betrachtete sie den Inhalt: Ein Stapel verschiedener Einreisedokumente, Fotos und Observationsberichte, alles fein säuberlich abgeheftet. Außerdem enthielt die Mappe einen ausführlichen Bericht über die wahre Identität und Funktion ihres Geliebten.

»Sie sind nicht von der Volkspolizei, oder?«

»Vielleicht ja, vielleicht nein. Das tut auch nichts zur Sache, finden Sie nicht?«

»Was wollen Sie?«

Maik beobachtete sie aufmerksam und konnte daraus auf ihre Gefühlswelt schließen - eine Gabe, um die ihn seine Kollegen beneideten. Anders als viele angehende Offiziere hatte er nicht erst aufwendig lernen müssen, menschliches Verhalten zu beobachten und zu analysieren, um hieraus seinen Vorteil zu ziehen. Von Kind an beherrschte er instinktiv eine der wichtigsten Eigenschaften, die einen erfolgreichen Spion ausmachten.

»Ich verlange nichts von Ihnen, was sie nicht ohnehin bereitwillig und – das bestätigen die Fotos ausführlich – voller Hingabe tun.« Er öffnete den Reißverschluss an der Vorderseite seiner Aktentasche und nahm einen Stapel bisher nicht gezeigter Fotografien heraus. Er betrachte sie süffisant, dann hielt er ihr das oberste Bild hin.

»Wenn es nach mir geht, dürfen Sie weiter ruhig ihren Körper so einsetzen. Sie dürfen alles tun, was sie ohnehin mit diesem Mann tun, solange sie mir die Informationen verschaffen, die ich verlange.«

Was sie auf den Bildern sah, beschämte sie.

»Das kann ich nicht tun«, sagte sie unsicher. »Er vertraut mir. Und ich liebe ihn!«

Er nahm das Bild und schob es ans Ende des Stapels. Dann nahm er das nächste. Und nächste. Er blätterte die Fotografien in seiner Hand so lange durch, bis er eine ganz Bestimmte fand. »Hannah ist ein wirklich hübsches Mädchen. Wie alt ist sie? Drei?« Während er das fragte, bemerkte er, dass sie leichenblass war. Dann fügte er hinzu: »Wissen Sie, ich habe einen Neffen, der ist in Hannahs Alter. Ich genieße es wirklich, ihn aufwachsen zu sehen. All diese Veränderungen, diese vielen Entwicklungssprünge, die die Kleinen fast täglich machen. Ich könnte es nicht ertragen, ihn nicht aufwachsen zu sehen.«

Er sah, dass sie seine subtile Botschaft verstanden hatte und er seinem Ziel immer näher kam. Sie wurde langsam weich.

»Wie stellen Sie sich das vor? Ich kann ihn schließlich nicht von heute auf morgen danach fragen? Er würde misstrauisch werden. Ich benötige Zeit.«

»Sie schaffen das schon.«

»Für Sie ist das vielleicht einfach, einen geliebten Menschen auszuspionieren und zu verraten. Für mich nicht!«

Sie weinte.

Ihre Reaktion verriet ihm, dass sie kurz davor war einzuknicken. Er hatte sie bereits an den Rand des Abgrundes gebracht, es brauchte nicht mehr viel, um sie zum Sprung zu bewegen.

Er griff erneut nach seiner Aktentasche, nahm eine zweite Akte heraus und las darin.

»Wie geht es eigentlich ihrer Mutter?« Er blätterte in der Akte. »Wie ich sehe, schlägt die Therapie gut an.« Er klappte den Deckel zu und lächelte sie an. Sein Blick fixierte sie, ohne dass er etwas sagte.

»Bitte nicht«, wimmerte sie.

Maik schlug entspannt die Beine übereinander. »Was würde eigentlich passieren, wenn wir ihre Mutter zu ihrer Affäre mit einem Kapitalisten befragen würden? Soweit ich weiß, ist sie überzeugte Sozialistin.«

Sie nickte stumm.

»Tragisch. Sie wäre vermutlich schwer enttäuscht. Und stellen Sie sich jetzt mal vor, wie ihre todkranke Mutter wohl reagieren würde, wenn wir sie mit dem Vorwurf konfrontieren, dass sie möglicherweise eine Republikflucht planen könnten. Der gute Ruf ihrer Mutter wäre dahin. Und der Stress durch die Befragung erst.«

Sie sah auf. Mit zitternder Stimme fragte sie: »Welche Befragung?«

»Ich muss natürlich genau überprüfen, was ihre Mutter weiß. Sozialistin hin oder her, auch bei Parteimitgliedern darf ich keine Ausnahme machen. Befehl von ganz oben.«

Er ließ seine Worte einen Augenblick wirken, bevor er fortsetzte: »Wissen Sie, man sagt Bautzen II nach, dass es sehr feucht und kalt in den Zellen ist. Und ich arbeite gerne gründlich. Erst kürzlich habe ich einen Sachverhalt erst nach neun Monaten abschließend klären können. Neun Monate sind eine lange Zeit im Gefängnis, insbesondere wenn der Lungenkrebs schon so weit fortgeschritten ist. Wie lange würde es ihre Mutter wohl dort aushalten?«

Zufrieden schloss er die Wohnungstür. Die kranke Mutter hatte ihm den Durchbruch verschafft. Sie war eingeknickt. Sie war bereit, ihm alle Informationen zu besorgen und den »Reisenden« im Auftrag der Stasi weiter zu verführen.

Ihr Selbstmord änderte alles. Maik fragte sich zum ersten Mal, ob er zu weit gegangen war. Hatte er zu viel Druck aufgebaut? Oder war sie einfach zu labil gewesen und er hatte es schlichtweg nicht bemerkt?

Maik hielt den an *Leutnant Meier* adressierten Abschiedsbrief in seinen Händen. Er las ihn immer und immer wieder, beinahe täglich seit er von ihrem Tod erfahren hatte. Und bis zu diesem Brief hatte er nie darüber nachgedacht, ob er in seinem Leben eine falsche Entscheidung getroffen hatte.

Der Brief strotzte vor Hass und Verachtung für ihn und das System, das er zu verteidigen versuchte. Darin fragte sie ihn, ob er nachts ruhig schlafen könne, wenn er das Leben von Menschen zerstörte. Ob er sich das Leben einer alleinerziehenden Mutter vorstellen könne? Und sie machte ihm mehr als deutlich, dass er es gewesen war, der sie in den Tod getrieben und einem Mädchen so ein Leben im Waisenhaus aufgezwungen hatte. Die Vorstellung machte ihn traurig und wütend.

Auch wenn es nicht das erste Mal war, dass er als Verantwortlicher einen Todesfall zu vermerken hatte, diesmal traf es ihn härter als sonst. Der Inhalt des Briefes ließ ihn nicht mehr los. Er litt unter Albträumen. Immer wieder sah er die weinende junge Frau im Schlaf. Immer wieder durchlebte er das letzte Gespräch. Und immer wieder war da auch die weinende Tochter, die sich an den Leichnam ihrer Mutter schmiegte.

Tag und Nacht fragte er sich, wie er anders hätte handeln können. Es war seine Pflicht, die DDR zu beschützen. Es war seine Aufgabe, Feinde der Republik zu enttarnen. Aber hatte er wirklich nur aus Pflichtgefühl gehandelt? Maik überlegte kurz. Konnte es sein, dass sein krankhafter Ehrgeiz ihn dazu veranlasst hatte, eine Grenze zu überschreiten? Hatte er ihren Tod billigend in Kauf genommen, um die nächste Stufe auf der Karriereleiter nehmen zu können? Und wie trug all das dazu bei, den Bestand der DDR zu sichern? Welche Gefahr bedeuteten diese Frau und ihr Kind für den Sozialismus?

Maik fiel in tiefes Loch, eine Depression, aus der er alleine nicht mehr herauszukommen glaubte. Medizinische Hilfe kam für ihn nicht Frage. Nicht nur, dass er über seine aufkeimenden Zweifel an seiner Arbeit und dem System hätte sprechen müssen, er wusste genau: die Stasi hörte mit. Kollegen und Vorgesetzte schieden daher als Gesprächspartner ebenso aus wie Freunde und Verwandte.

Beinahe jede Familie war mit Informanten der Stasi durchsetzt – nicht zu vergessen sein Großvater, der noch immer hohe Kontakte ins ZK pflegte und der Maiks Situation vermutlich am wenigsten verstanden hätte. So grotesk es auch klang: Die Kirche schien der einzige Ort zu sein, der ihm Zuflucht bieten konnte.

Als er Kirche durch die Seitentür verließ, konnte er die Erleichterung im ganzen Körper spüren. Auch wenn er dem Priester seine wahre Identität verschwiegen hatte, Maik war sicher, dass der Geistliche ahnte, mit wem er es zu tun hatte. Dazu war Maik zu vorsichtig gewesen, hatte um ein Gespräch im Keller gebeten und selbst dort noch vollkommen paranoid jeden Zentimeter nach Abhörgeräten abgesucht, bevor er seine emotionale Zerrissenheit so abstrakt wie möglich schilderte. Am Ende half ihm der Geistliche dadurch, dass er einfach nur zuhörte.

Eine Stimme unterbrach seine Gedanken. »Genosse Sommer, auf ein kurzes Wort?«

Maik erschrak. Er erkannte Leutnant Doppgen sofort.

»Natürlich, Herr Genosse. Was tun Sie hier?«, fragte Maik gespielt freundlich.

Doppgen trat auf ihn zu. »Das wissen wir doch beide, oder?«

Maik verstand sofort. Er stand unter Beobachtung. Augenscheinlich hatte der Vorfall und sein Verhalten bei den Oberen für Aufsehen gesorgt.

»Ich kann Ihnen versichern, es geht mir gut!«

Leutnant Doppgen bedeutete ihm mit einer Geste, ihm zu folgen. »Lassen Sie uns ein paar Meter gehen.«

Maik war einverstanden.

Beide schwiegen für einen Moment, dann sagte Doppgen: »Ich will ehrlich sein. Das Politbüro hat mich persönlich auf Sie angesetzt. Dort bestehen große Bedenken hinsichtlich ihrer uneingeschränkten Einsatzfähigkeit. Die Genossen fragen sich, ob Sie noch der Richtige für den Job sind.«

Maik überlegte kurz, was er sagen sollte.

»Was soll das heißen?«, fragte er schließlich.

»Ich soll beobachten und berichten. Ich persönlich glaube ja, dass das alles ziemlich übertrieben ist. Auch bei einem Mann Ihres Kalibers und Ihrer Akte kann so ein Ausrutscher mal Spuren hinterlassen. Sowas passiert den Besten. Wir fangen uns alle wieder.«

»Ist Ihnen das schon mal passiert?«

Doppgen nickte. »Es hat mich in eine Krise gestürzt. Ich hatte große Zweifel, ob das, was ich tat, wirklich das Richtige war. Ich überlegte sogar den Dienst zu quittieren. So wie Sie habe ich meine eigene Lösung gefunden.«

Maik schwieg. Er überlegte, ob das, was Doppgen ihm erzählte, bloß eine Masche war, um seine Loyalität zu testen.

»Ich weiß genau, was sie gerade denken. Sie fragen sich: ‚Kann ich Doppgen vertrauen?' Und wissen Sie was: Ich kann das gut verstehen. Wir sind Spione. Wir sind es gewohnt, Menschen zu belügen, um unser Ziel zu erreichen. Lassen Sie mich daher sagen: Ich werde ihren heutigen Besuch an diesem Ort und dieses Treffen in meinem Bericht nicht erwähnen. Ich rate Ihnen allerdings, sich zukünftig eher einen anderen Gesprächspartner als einen Priester zu suchen.«

Ohne ein weiteres Wort machte sich Doppgen auf den Weg. Nachdem er verschwunden war, überlegte Maik, was er davon halten sollte. Warum sollte Doppgen ihn schützen?

Über Wochen hinweg begegneten Maik und Doppgen sich immer wieder – im Ministerium oder auf der Straße. Maik fand es merkwürdig, dass die Observation von einem ihm persönlich bekannten Kollegen durchgeführt wurde. Die Wahrscheinlichkeit, dass die Operation dadurch aufflog, war äußerst groß. Dennoch dachte er sich nichts dabei. Ganz im Gegenteil: Er suchte immer wieder nach Möglichkeiten, sich unbeobachtet mit Doppgen zu unterhalten.

Je mehr sie sich trafen, je mehr sie miteinander sprachen, desto vertrauter wurden sie. Maik wusste zwar, dass Doppgen ebenfalls in der Bespitzelung von Menschen trainiert war, aber dieser Fall lag anders: Die Wahrscheinlichkeit, dass er ein doppeltes Spiel mit ihm trieb, war sehr unwahrscheinlich. Außerdem hatte Maik sicherheitshalber in Doppgens Akte Einsicht genommen und seine Geschichte überprüft. Auch wenn es schwer zu glauben war: Am wahrscheinlichsten war tatsächlich, dass Doppgen eher ein doppeltes Spiel mit dem Politbüro als mit ihm spielte.

»Maik, ich muss dir etwas gestehen«, sagte Doppgen als sie den achten Pfefferminzlikör hintereinander geleert hatten. Doppgens Wohnung war dunkel. Nur das Licht einer Stehlampe schenkte dem Wohnzimmer den schummrigen Schein einer Bahnhofskneipe.

Die Wirkung des Alkohols hatte bereits eingesetzt, so dass Maik mit aller Kraft versuchen musste, seinen Freund zu fokussieren. Als ihm das gelungen war, richtete er seinen Blick erwartungsvoll auf ihn.

»Ich will raus«, sagte Doppgen mit einem Schnauben. »Raus aus der Stasi, raus aus der DDR. Ich halt' es nicht mehr aus.«

Maik hörte zwar die Worte, es dauerte aber einige Sekunden, bis sie ihren Weg durch die Mauer des Alkohols in seinen Synapsen gebahnt hatten. Dann lachte er laut.

»Guter Witz!«

Maik griff nach der Flasche und goss erneut zwei Gläser ein. Er nahm sein Glas und wartete darauf, dass sein Freund ihm zuprostete. Nichts passierte. Als er auch nach Sekunden keine Regung im Gesicht seines Gegenübers vernahm, stellte er es behutsam auf dem Tisch ab.

»Das ist doch ein Scherz, oder?«

Doppgen schwieg.

Maik war schockiert. »Bist du verrückt mir das zu erzählen? Du weißt, dass ich das melden muss.«

Doppgens Augen waren klein, sein Gesicht vom Schnaps gezeichnet.

»Musst du wirklich? Du willst dieser Sache doch auch ein Ende setzen. Lass es uns gemeinsam machen.«

»Du spinnst doch.« Maik zeigte ihm einen Vogel.

»Maik, jetzt hör mir zu. Ich leide. Du leidest. Die DDR tut uns beiden nicht gut. Lass uns in den Westen flüchten. Ich kenne da Jemand, der kann uns helfen...«

Maik verschlug es fast den Atem. Sein Freund schlug ihm gerade vor, Republikflucht zu begehen.

»Ich will davon nichts mehr hören. Mir bleibt sonst keine andere Möglichkeit, als dich zu verraten. Und das will ich nicht.«

Doppgens Blick war schmerzerfüllt.

»Du würdest mich wirklich verraten? Nach all dem, was wir in den letzten Wochen durchgemacht haben? Nach all der Hilfe, die ich dir war?« Doppgen atmete schwer. »Und ich habe geglaubt, mit dir könnte ich darüber reden, weil du mich verstehst. Weißt du, wie schwer es ist, diese Bürde mit sich rum zu tragen?«

Dann brach der Alkohol aus Doppgen heraus. Weinend warf er sein Glas an die Wand.

»Verschwinde. Sofort! Hau ab! Wenn du mich verraten willst: Bitte. Aber hau ab!«

Maik wanderte lange umher und dachte über das Geschehene nach, bis er sich im Park auf eine Bank setzte. Vor nicht allzu langer Zeit hätte er Menschen wie Doppgen zutiefst verachtet und kaltblütig verraten. Er hätte alles getan, um ihn zu vernichten – ja sogar seine Familie und Freunde. Doch jetzt war es anders. Er fühlte sich zutiefst zerrissen. Dieser Mann war innerhalb kürzester Zeit sein Freund geworden. Doppgen hatte ihn nicht an das Politbüro verraten und ihn damit gerettet. Doppgen hatte etwas Ähnliches erlebt wie er. Und genau dieses Erlebnis war es, dass ihn so sehr belastete, dass er heute Abend diese Idee geäußert hatte. Jetzt musste Maik entscheiden, was er mit Doppgen machte.

Für den Bruchteil einer Sekunde kam Maik der Gedanke, Doppgens Zurückhaltung, ihn an das Politbüro zu verpfeifen, könnte doch nur reines Kalkül gewesen sein. Vermutlich hatte Doppgen schon länger darüber nachgedacht und er wusste, wie hilfreich es sein könnte, Maik in der Hand zu haben. Wenn Maik ihn melden würde, könnte Doppgen ihn genauso zerstören. Vermutlich hatte Doppgen auch genügend Beweismittel gesichert, um seine Erpressung im Zweifelsfall abzusichern. So würde es Maik an seiner Stelle tun.

Es dauerte einige Minuten, bis Maik den Teufelskreis in seinem Kopf mit nur einem Gedanken aufbrechen konnte. In einer Sache hatte sein Freund Recht: Er wollte raus. Der Selbstmord hatte ihm die Augen geöffnet. Maik hatte erkannt, dass er seit seiner Kindheit an eine Illusion, eine Lüge geglaubt hatte. Er hatte das Idealbild der DDR, welches sein Großvater ihm als kleiner Junge ins Hirn gepflanzt hatte, bis heute gelebt. Und erst durch seinen blinden Ehrgeiz, der eine junge Mutter in den Selbstmord getrieben und damit eine Familie endgültig zerstört hatte, wurden ihm die Augen geöffnet. Es war so, wie Doppgen sagte: Die DDR tat ihm nicht gut. Er musste diese Lüge beenden - und zwar jetzt.

Die Vorbereitung der Flucht hatte mehrere Monate gedauert. Doppgen und er hatten beschlossen, den Kontakt auf ein Minimum zu reduzieren und ihren Alltag normal weiter zu leben. Zwar sollten deren Fluchtaktionen nahezu zeitgleich stattfinden, doch es war besser, wenn sie beide nur möglichst wenige Details über den Fluchtplan des jeweils Anderen kannten. Alles Weitere sollte der Kontaktmann aus der BRD regeln.

Beim Gedanken an die bevorstehende Flucht, war Maik mulmig zumute. Die letzten Tage war es ihm schon schwer gefallen, normal zu essen, zu schlafen und zu arbeiten. Doch jetzt, nur wenige

Minuten vorher, war ihm speiübel. Das lag zum größten Teil auch daran, wie er seine Flucht antreten sollte: Als Leiche.

Maik war pünktlich zum verabredeten Zeitpunkt im Wald erschienen. Der Leichenwagen parkte bereits im Dunkel der Nacht und gemeinsam hievten der Fahrer und sein Kollege die Leiche aus dem Sarg. Dann stieg Maik in den Sarg hinein, hielt sich den Leichnam vor die Brust, umklammerte ihn und legte sich gemeinsam mit ihm in den Sarg zurück. Nachdem der Fahrer und sein Kollege den Sarg wieder verschlossen und in den Leichenwagen geschoben hatten, setzte sich der Wagen in Bewegung.

Maik hatte jegliches Zeitgefühl verloren. Als das vereinbarte Signal des Fahrers kam, wusste er, dass sie den Grenzübergang erreicht hatten. Er versuchte ruhig zu atmen. Dass er zusammen mit einer Leiche in einem Sarg lag, half ihm dabei ebenso wenig, wie das Wissen, dass er sich gerade in einer DDR-Grenzkontrolle befand. Er kannte die Prozeduren und er hoffte, dass der Sarg ungeöffnet blieb. Maik war sich aber auch sicher, dass die Grenzer nur den geringsten Hinweis oder einfach nur schlechte Laune brauchten, um den Leichenwagen samt Inhalt auseinanderzunehmen.

Von draußen drangen dumpf die Stimmen und das Geschehen durch das Holz. Aufgrund seines toten Begleiters fehlte Maik die Bewegungsfreiheit, sich besser zu positionieren. Also schloss Maik die Augen, um sich auf die Geräusche zu konzentrieren. Außerdem hoffte er, so den Balsamierungsgestank seines kalten Kameraden ignorieren zu können. Und als er tiefer in seine Konzentration sank, erkannte er eine Stimme. Maik kramte in seiner Erinnerung, aber das

Gesicht blieb ihm verborgen. Er wusste nur: er kannte die Person aus seiner Zeit bei der NVA.

Wenige Sekunden später hörte er, wie die Heckklappe geöffnet wurde. Dann folgte ein Ruck und der Sarg bewegte sich.

»Öffnen«, hörte er den ihm bekannten NVA-Mann rufen.

Maik stockte der Atem. Er würde auffliegen. Nur noch wenige Sekunden, dann wäre alles vorbei.

Als sich der Deckel des Sargs öffnete, wurde Maik vom grellen Licht einer Taschenlampe geblendet. Reflexartig hielt Maik den Atem an und kniff die Lider zusammen. Auch wenn er wusste, dass er nicht entkommen konnte, versuchte Maik seinen Körper so steif wie möglich zu machen, um unter der Leiche nicht aufzufallen. Durch den Schlitz seiner Augen sah er, wie sich der Grenzer runter beugte, um den Sarg zu kontrollieren.

»Ich durchsuche den Sarg«, rief der Grenzsoldat, während er seine Hände am Leichnam vorbei schob. Als der Soldat Maik berührte, zuckte dieser leicht zusammen.

Ohne Regung beugte sich der Soldat noch weiter runter, bis er direkt neben Maiks Ohr war. Dann flüsterte er: »Major Sommer, ich muss meine Schuld bei Ihnen begleichen. Verhalten Sie sich ruhig, in fünf Minuten haben sie die Grenze passiert. Viel Glück. Und passen Sie auf sich auf!«

Maik sagte keinen Ton, schenkte dem Soldaten aber einen dankenden Blick.

Dann erhob sich der Soldat und bedeutete dem Fahrer, den Deckel wieder zu schließen, bevor er endlich rief: »Darf passieren!«

Als sich der Leichenwagen in Bewegung setze, nahm Maik einen tiefen, befreienden Atemzug. Noch nie in seinem Leben hatte er eine solche Angst und Erleichterung zugleich empfunden. Doch jetzt, wo er wieder tief durchatmen konnte, fühlte er sich befreit: Befreit von Angst, befreit von der Last, die diese Flucht und sein Leben in der DDR verursacht hatten. Und er wusste: Dies war nur ein Vorgeschmack auf das, was ihn in wenigen Minuten in seiner neuen Heimat erwarten würde.

Die Fahrt vom Grenzposten bis zum Zielort in der BRD hatte für Maik gefühlt wie eine Ewigkeit gedauert. Wenn Maik so über die Erlebnisse der Nacht nachdachte, bereute er seine Flucht noch immer nicht. Er hatte verdammtes Glück gehabt. Anders als Doppgen, der nur wenige Stunden zuvor geschnappt wurde, weil sein Kontaktmann abgehört worden war. Maik wäre es vermutlich genauso wie Doppgen ergangen, wenn er nicht einen Schutzengel gehabt hätte. Der Name war ihm wieder eingefallen, als der Soldat mit ihm gesprochen hatte. Unteroffizier Spiegel hatte viele Jahre zuvor aus familiären Gründen ein Alkoholproblem gehabt und unter einer schweren Depression gelitten. Als sein Vorgesetzter hatte Maik die Wahl getroffen, dem jungen Mann aufgrund seiner schweren Dienstverstöße nicht das Leben und seine Karriere zu zerstören, sondern ihn wieder auf die rechte Bahn zu bringen. Zwar hatte Maik Mitleid mit ihm gehabt, das war aber nicht der Grund, weshalb er ihm geholfen hatte. Tatsächlich wollte er sich keine negativen Bewertungen in seiner Truppe leisten, um seine eigene Karriere nicht zu gefährden. Und so fälschte er alle Leistungsbeurteilungen und nahm sich dem jungen Mann an, bis er sein Problem überwunden hatte.

Diese gute Tat hatte Maik eine spektakuläre Flucht ermöglicht. Eine Flucht, die eigentlich unnötig gewesen wäre. Denn nur zwei Wochen später begannen die Montagsdemonstrationen und besiegelten damit das Ende der DDR.

Ein neues Leben[1]

Das Pech war wie ein störrischer Türsteher, der den Eingang zur Höhle des Glücks verbarrikadierte. Genau deswegen war Susanne Wiek beinahe fassungslos.

»Ich hab' den Job?«, fragte sie ungläubig.

»Klar! Herzlich willkommen im Team.«

Matthias Mann reichte ihr die Hand. Er war groß, besaß lange, dunkle Haare und war etwa Anfang vierzig. Er war Inhaber einer exklusiven und erfolgreichen Kette von Frisörläden in Düsseldorf. Seine Zielgruppe waren Männer mit Stil und Geld. Genau wie sein Klientel legte auch Matthias Wert auf sein Äußeres. Er war sportlich mit einem breiten Kreuz, schlanker Taille und einem knackigen Po. Er trug eine eng anliegende Stoffhose und ein weißes Maßhemd aus ägyptischer Baumwolle, eine Kombination, die seine attraktive Figur noch unterstrich. Susanne wusste von ihren Recherchen, dass er diverse Sportevents in Düsseldorf sponserte und auch selbst bereits seine erfolgreiche Teilnahme an dem ein oder anderen Wettkampf medial für sein Unternehmen ausgeschlachtet hatte.

Durch Matthias' Jobangebot schwebte Susanne in einem lange vergessenen Gefühlszustand. Sie war stolz, unendlich stolz auf diesen Erfolg. In der Vergangenheit hatte sie diverse Enttäuschungen in privater und beruflicher Hinsicht ertragen müssen. Das letzte Mal, als in diesem unglaublichen Gefühlzustand gewesen war, lag eine halbe Ewigkeit zurück. Damals, als sie die

---

[1] Die Grundzüge des Plots entstanden als Gruppenarbeit im Rahmen meiner NLP-Master-Arbeit. Mein Dank gilt allen an der Entwicklung des Plots beteiligten Personen.

Meisterschule mit Auszeichnung bestanden hatte. Durchflutet von Glück war sie nach Hause zu Jan gefahren, um gemeinsam mit ihm den Erfolg zu feiern – und am Ende am Boden zerstört zu sein.

Die folgenden Jahre der Enttäuschungen liefen wie im Zeitraffer in ihrem Kopf ab. Sie erkannte, dass sie ihr Leben lang das Opfer gewesen war, eine Frau, die von ihrer Unsicherheit getrieben das Pech magisch anzog. Sie war es, die zu lieb und zu nett war und damit immer wieder Idioten wie Jan die Chance gab, sie auszunutzen.

Gemeinsam hatten sie entschieden von München nach Düsseldorf zu ziehen, um dort einen Frisörsalon zu eröffnen. Nach dem erfolgreichen Abschluss ihrer Meisterprüfung hatten sie alle Zelte im Süden abgebrochen und waren quer durch die Republik gezogen, um sich gemeinsam ein neues Leben aufzubauen. Doch daraus wurde nichts. Denn kurz danach entdeckte sie, dass Jan sie seit Langem betrog und bestahl.

Nach der Trennung verkroch sie sich. Zurück in ihre alte Heimat konnte sie nicht und auch beruflich boten sich ihr keine Optionen. Aus Frust fraß sie alles in sich herein. Mit der Konsequenz in nur drei Monaten über dreißig Kilo zugenommen zu haben.

Ihr neues Leben begann mit dem Ende eines misslungenen Blind Dates. Ihre neue Internetbekanntschaft machte ihr schnell klar, dass er sie ganz sympathisch fand, sie aber niemals ein Paar werden könnten. Er sah in ihr maximal eine gute Freundin, die ihm Ratschläge gab.

In diesem Moment hatte sie ihm sogar recht gegeben und sich dafür entschuldigt, wie sie war. Nach kurzem Nachdenken wurde ihr aber eins klar: Diese Erlebnisse des Scheiterns, die Abweisungen durch andere Menschen ... all das zog sich wie ein roter Faden durch ihr Leben. Sie fragte sich, was sie falsch machte und wofür die Welt sie bestrafen wollte.

Es dauerte einen Moment, bis ihr Selbstmitleid von einem Geistesblitz überlagert wurde. »Was wäre, wenn ich selbst Schuld daran bin?«, fragte sie sich. Susanne beschloss, dass es so nicht weitergehen konnte. Sie hatte ein Leben voller Ablehnung und Schmerz erfahren. Genug war genug! Sie konnte das nicht mehr ertragen. Wenn sie das jetzt nicht beendete, würde sie einsam und verbittert sterben. Also notierte Susanne detailliert, was sie in ihrem Leben erreichen wollte.

Angeführt wurde die Liste von einer attraktiven Figur und dem Wunsch nach Sexappeal. Sie wollte sich endlich weiblich fühlen. Sie wollte begehrt werden. Begehrt, wie es einer Frau würdig war.

Das Bild ihres neuen Selbst war klar definiert und sie gab sich höchstens ein Jahr Zeit dafür. Dann suchte sie nach Vorbildern, die als lebender Beweis dafür dienten, dass das, was sie plante, innerhalb dieses Zeitraums erreichbar war. Susanne ging methodisch vor. Schritt für Schritt analysierte sie, welche Techniken diese Menschen eingesetzt hatten, um ihr Ziel zu erreichen. Nachdem sie die Ergebnisse gesammelt hatte, überlegte sie, wie sie das auf ihr eigenes Leben übertragen konnte.

Ihr Ehrgeiz war grenzenlos. Jedes Mal, wenn sie die Bilder ihrer zukünftigen Erfolge aufrief, durchfluteten sie all jene starken Gefühle, die sie noch mehr motivierten. Weil Susanne noch immer arbeitslos und ohne ein stabiles soziales Umfeld war, entwickelte sie eine eiserne Disziplin, die sie noch schneller zum Erfolg führte. Und es hatte sich gelohnt: Erst als sie innerhalb von nur sechs Monaten ihr Gewicht halbiert und sich mit einer deutlichen Typveränderung in eine vollkommen neue Persönlichkeit verwandelt hatte, begann das Universum, ihr einen Glücksmoment nach dem anderen zu schicken.

Susanne schloss die Tür des Salons von innen ab und zog die Vorhänge zu. Sie hatte gerade damit begonnen alles aufzuräumen, als Matthias den Salon durch den Hintereingang betrat.

»Hi.« Er hatte sich locker an den Türrahmen gelehnt. »Noch fleißig?«

Matthias, der sich in seinem Unternehmen selbst um die finanziellen Angelegenheiten kümmerte, schaute nur sehr selten vorbei, widmete ihr dann allerdings seine volle Aufmerksamkeit. Er schenkte ihr Komplimente und gab sich stets besondere Mühe, in ihrer Nähe zu sein.

»Du hast mich erschreckt.« Zitternd legte sie die Hand auf ihre Brust. Ihr Herz raste vor Aufregung.

Seinen Blick auf sie gerichtet, trat Matthias an sie heran. Er griff nach ihrer Hand und drückte sie. Umgehend beruhigte sie sich.

»Wow, du hast dich wirklich erschreckt.« Er schaute ihr tief in die Augen. »Oder rast dein Herz wegen mir so?« Er grinste frech.

Susanne war zutiefst unentschlossen, was sie denken sollte. Einerseits spürte sie die Verunsicherung, die noch immer tief in ihr begraben war. Was sie lange Zeit weit weg von sich geschoben hatte, die emotionale Leere, die Enttäuschung und die Verzweiflung, die sie mit ihren Pfunden kompensiert hatte, trat nun wieder zu Tage. Susanne hatte Angst Fehler zu machen, Angst, wieder alles zu verlieren. Auf der anderen Seite musste sie sich eingestehen, dass sie sich durch ihre Veränderung unglaublich sexy fühlte und das mit großer Wahrscheinlichkeit auch ausstrahlte. Sie schöpfte Selbstvertrauen aus den Blicken, die sie erntete. Und auch Matthias' männliche, beinahe dominante Ausstrahlung verfehlte ihre Wirkung nicht: Susanne war wahnsinnig erregt.

Ohne seinen Blick von ihr abzuwenden, küsste er sie. Sein Kuss war männlich und fordernd. Dann löste er sich von ihr, um ihren Hals zu liebkosen. Reflexartig legte Susanne ihren Kopf in den Nacken, um ihm so den Zugang zu erleichtern. Bei jeder Berührung seiner zarten Lippen auf ihrer Haut entlud sich eine elektrische Energie in ihrem Körper, die ihre Lust bis in die Lenden austrieb. Der sanfte Hauch seines Atems verschaffte ihr eine Gänsehaut und sein herber Duft betörte sie. Ein Stöhnen entglitt ihr.

Als Matthias mit einem Ruck ihre Bluse aufriss, erschrak Susanne kurz. Während Matthias weiter abwechselnd ihren Hals liebkoste und sie küsste, knetete er forsch ihre Brust. Und auch wenn er dabei eher grob war, nahm sie wahr, wie feucht sie durch sein Vorgehen wurde.

Matthias trat einen Schritt zurück und schenkte ihr ein fieses Grinsen. Dann packte er sie mit beiden Händen am Po, trug sie zum Frisörstuhl und setzte sie ab. Wild vor Erregung öffnete er seine Hose und brachte seinen Penis hervor, bevor er langsam seine Hand unter ihren Rock führte. Ohne zu zögern, schob er ihr Höschen beiseite und drang mit dem Finger in sie ein. Susanne stöhnte erneut.

»Das gefällt dir!«

Es war keine Frage, sondern eine Feststellung. Er beugte sich erneut nach vorne und küsste sie. Während ihre Zungen miteinander spielten, nahm er sein Glied und drang ganz in sie ein.

Seit ihrer animalischen Nacht vor einer Woche hatte sie keinen Kontakt mit Matthias gehabt. Er war weder im Salon aufgetaucht, noch gab es ein anderes Lebenszeichen von ihm. Susanne fragte sich, was das wohl zu bedeuten hatte. Klar, Matthias war ein viel beschäftigter Unternehmer und es war ja auch nicht ungewöhnlich, dass er über einen langen Zeitraum nicht in den Salon kam. Aber hätte er sich nicht wenigstens danach melden können? Hatte sie etwas falsch gemacht? Oder war sie für ihn nur eine schnelle Nummer?

Immer wieder kreisten ihre Gedanken um Matthias und das Erlebte. Das Arbeiten fiel ihr schwer. Denn an jedem Ort, den sie in dieser Nacht für ihr Treiben genutzt hatten, glitt sie tiefer in ihre Unsicherheit. Sie hatte bereits festgestellt, wie schlecht es ihr damit ging, denn sie war unbeabsichtigt in alte Verhaltensmuster zurückgefallen. Mit jedem Tag gewann das Essen mehr und mehr die Oberhand zurück.

»Du bist neu hier, oder?« Der Kunde hatte den Kopf ins Becken gelegt und Susanne massierte das Shampoo ein. »Ich kenne nämlich alle Frauen in diesem Laden. Du wärst mir direkt aufgefallen.«

»Das stimmt. Ich habe erst vor Kurzem hier angefangen.«

»Wusste ich es doch. Ich komme regelmäßig her«, erklärte er. Er stellte sich als Joachim Decker vor.

»Susanne. Susanne Wiek.«

Ein zufriedenes Seufzen entfuhr ihm. »Wenn du mit deinen Händen immer so geschickt bist, dann bist du wirklich eine Bereicherung für diesen Laden.« Er schmunzelte.

»Ich bin die Beste«, sagte Susanne mehr aus Reflex als aus Überzeugung. Sie drehte das Wasser auf und spülte den Schaum sorgfältig aus seinem Haar. Dann wickelte sie ein Handtuch um seinen Kopf und führte ihn zum Stuhl zurück. Nachdem sie Joachims Wünsche geklärt hatten, legte sie ihm die Halskrause aus Papier und den Umhang um.

Sie unterhielten sich, während Susanne ihm die Haare schnitt. Er war witzig und charmant und sie war überzeugt, dass er mit ihr flirtete. Sie wusste bereits, dass Joachim Beamter und ein Feinschmecker war. Er liebte guten Wein und gutes Essen, was man ihm auch ansah. Abgesehen von seinem Bauch war er groß und etwa Mitte fünfzig. Sein Haar besaß ein dem Alter entsprechendes Grau.

Als Susanne den Umhang abnahm, machte Joachim einen anzüglichen Witz.

»Du bist unmöglich.« Gespielt schockiert tippte sie ihm auf die Schulter.

»Ich? Du hast mich doch mit deinen magischen Händen von Anfang an völlig aus dem Konzept gebracht.« Er lachte. Als Susanne zum Tresen kam, fragte er: »Wieviel?«

Sie nannte ihm den Betrag.

Er gab ihr ein üppiges Trinkgeld. Dann fragte er: »Was machst du heute Abend?«

»Noch nichts.«

»Gut. Ich habe mich schon lange nicht mehr so gut unterhalten. Ich möchte dich zum Essen zu mir einladen. Ich habe eine gute Flasche Wein, die ich gerne für dich öffnen würde.«

Susanne dachte kurz darüber nach. Er war ihr Kunde und es war vermutlich unklug, seiner Einladung zu folgen. Andererseits hatte sie sich sehr gut mit ihm unterhalten und Joachim hatte einen interessanten Humor und schien viel über Wein zu wissen. Außerdem war sie etwa halb so alt wie er. Joachim konnte ihr Vater sein. Es war unwahrscheinlich, dass er etwas versuchen würde. Und möglicherweise hätte er es sogar als unhöflich empfunden, wenn sie Nein gesagt hätte. Sie wollte Matthias keinen Aufhänger für Probleme geben, weil sie einen Stammkunden verärgert hatte.

»Sehr gerne«, sagte sie schließlich. »Aber du kochst.«

Zufrieden schrieb Joachim ihr seine Adresse und die Uhrzeit auf einen Zettel. »Dann bis heute Abend. Ich freu' mich.«

Joachim war eindeutig Single – das verriet ihr seine Wohnung. Es fehlten die klassischen dekorativen Elemente, die eine Frau in dieser Wohnung installiert hätte. Das bedeutete aber trotzdem nicht, dass sie sich unwohl fühlte. Im Gegenteil: Die Wohnung strahlte die Selbstsicherheit eines erfahrenen Mannes aus, der seinen Stil gefunden hatte. Und auch die Lage am Medienhafen sprach für ein gutes Einkommen und Entscheidungsfreude.

»Schmeckt es dir?« Joachim saß ihr gegenüber. Er sah sie durch den Schein der Kerze erwartungsvoll an.

Susanne kaute fasziniert auf ihrem Essen herum. »Fantastisch. Ich wünschte, ich könnte auch so gut kochen.«

»Ich sagte doch, dass ich gutes Essen mag – wie man sieht.« Er deutete auf seinen übergroßen Bauch. »Und der Wein? Schmeckt er dir?«

Sie hatte absolut keine Ahnung, aber dieser Wein schmeckte vorzüglich. Sie nickte.

Joachim hob sein Glas und prostete ihr zu.

»Schön, dass du da bist. Ich war mir nicht sicher, ob du wirklich kommen würdest.«

Ohne darauf zu antworten, stieß Susanne mit ihm an.

Nach dem Hauptgang räumte Joachim ab, um das Dessert zu holen. Vom Wein entspannt sah Susanne aus dem Fenster. Der Medienhafen war eigentlich ein durch Industrie, Logistik, Gewerbe und Büronutzung geprägter Stadtteil, in dem nur wenige Menschen tatsächlich wohnten. Die Immobilienpreise für eine vergleichbare Wohnung lagen zwischen 2.500 und 3.000 Euro. Sie war beeindruckt, dass ein Beamter sich so eine Wohnung leisten konnte.

Plötzlich spürte sie Joachims Hände an ihren Schultern.

»Was tust du?«, fragte sie zurückhaltend.

Joachims Stimme war sanft. »Ich hatte den Eindruck, dass du etwas verkrampft bist. Ich möchte dir nur helfen, dich zu entspannen.«

Susanne ließ es geschehen. Auch wenn es ihr nicht unangenehm war, sie empfand es einfach als unpassend. In diesem Moment entfaltete der Wein seine volle Wirkung. Ein Gefühl der Dämmerung überkam sie. Sie fühlte sich komisch.

»Oh, mir ist ganz schwindelig.« Sie atmete schwer. »Der Wein bekommt mir anscheinend nicht. Dabei hatte ich nur ein Glas.«

Ohne darauf einzugehen, sagte Joachim: »Du bist atemberaubend schön. Und eine echte Bereicherung für Matthias.«

»Du kennst Matthias?« Ihr war unglaublich heiß und sie versuchte, sich auf Joachim zu konzentrieren.

»Matthias ist ein alter Freund.«

»Was hat er über mich gesagt? Wann hast du ihn gesehen?« Ihr Blick verschwamm und alles fing an, sich zu drehen. Sie wollte etwas sagen, aber das Sprechen fiel ihr immer schwerer.

»Nur, dass du ein Glücksgriff für ihn bist und du es bei ihm noch weit bringen wirst.«

Susanne bemerkte noch, wie Joachims Hände den Weg von ihren Schultern durch ihr Top zu ihren Brüsten fanden. Sie wollte sich wehren, fühlte sich aber zu schlapp. Sie rang mit aller Kraft darum, die Augen offen zu halten. Wie im Halbschlaf nahm sie wahr, wie Joachim ihr das Top auszog, den Stuhl umdrehte und sie küsste.

»Du warst unglaublich«, schnaubte Joachim, als er seinen Gürtel schloss. Er war nass geschwitzt.

Susanne lag nackt unter der Bettdecke und schämte sich. Was hatte sie nur getan? Das Letzte, woran sie sich erinnerte, waren die Gedanken an Matthias, die sie aus dem Gleichgewicht geworfen hatten. Danach war alles wie in dichtem Nebel versunken.

Er setzte sich zu ihr auf den Bettrand. »Du siehst nicht gut aus. Hier, trink' das.« Er reichte ihr ein Glas Wein.

»Nein, bitte. Keinen Wein mehr. Hast du ein Glas Wasser für mich?«

Joachim holte ihr eins. Ohne ein Wort leerte sie es.

»Besser?«

Susanne nickte. »Joachim, ich wollte das nicht tun.« Sie war beschämt.

Joachim strich sanft mit seiner Hand durch ihr Haar. »Du musst dich nicht schämen. Es war toll. Du warst toll.« Er schenkte ihr einen liebevollen Blick. »Und ich weiß, es war dein erstes Mal, aber du bist wirklich jeden Cent wert.«

Die Worte hallten noch immer in ihrem Kopf. Was meinte er damit: Jeden Cent wert? Sie hatten miteinander geschlafen, soviel war sicher. Und auch wenn sie sich nur dumpf daran erinnerte, je mehr Susanne darüber nachdachte, umso mehr wurde ihr bewusst, was wirklich geschehen war: Er hatte sie geküsst und sie entkleidet. Bereits am Esstisch, als sie glaubte, die Wirkung des Weins zu spüren, hatte er begonnen, sie anzufassen. Dann hatte er sie ins Schlafzimmer geführt. Was danach kam, blieb weitestgehend verborgen. Allerdings wusste sie, dass sie sich ihm vollkommen passiv hingegeben hatte. Sie hatte keinerlei Gegenwehr geleistet. Unter normalen Umständen hätte sie niemals mit ihm geschlafen. Sie war sich sicher, dass es nicht der Alkohol war, der sie gefügig gemacht hatte.

Als Susanne den Laden aufschloss, war Matthias bereits da. Er saß im Büro am Schreibtisch. Als er sie kommen sah, strahlte er sie an.

»Guten Morgen«, sagte er.

»Bezieht sich deine gute Laune auf mich?«

»Wieso?«

»Weil ich nicht wusste, ob du mir seit unserer gemeinsamen Nacht aus dem Weg gehst.«

»Keineswegs. Ich hab' sogar etwas für dich.«

Matthias hob ein Geschenk vom Boden auf und reichte es ihr. Als sie es ausgepackt hatte, kam ein nagelneues iPad hervor.

Überrascht fragte sie: »Wofür ist das?«

»Einfach, weil ich froh bin, dich in meinem Team zu haben. Du bist eine Bereicherung und wirst es hier noch weit bringen.«

Angewidert legte sie den Karton auf den Schreibtisch zurück. »Das hat Joachim gestern auch gesagt.«

»Ach, du hast Joachim kennen gelernt?«

Sie kochte innerlich. »Was meinte Joachim damit, dass ich jeden Cent wert bin?«

»Keine Ahnung, was du meinst.«

Susanne spürte, das er log. »Hör auf mich zu verarschen. Ich weiß, dass du lügst. Du hast mit ihm über mich gesprochen. Und am Ende sagte er: ,Ich weiß, es war dein erstes Mal, aber du bist jeden Cent wert.'«

Matthias grinste breit. »Du hast ihn gefickt, nicht wahr? Du bist ein böses Mädchen.« Er trug ein diabolisches Funkeln in seinen Augen.

»Ich will wissen, was das bedeutet.« Sie schrie ihn an.

Völlig gelassen griff Matthias den Karton, holte das iPad heraus und schaltete es ein.

»Sieh selbst!«

Auf dem Display lief eine Videoaufnahme, die sie und Joachim gestochen scharf zeigten. Sie waren beide nackt und sie konnte detailliert sehen, wie sich Joachim mit seinem wulstigen Körper an ihr verging.

Sie erschrak. Auf dem Video war zu sehen, was sie bereits vermutet hatte: Sie wehrte sich nicht. Im Gegenteil: Sie lag vollkommen apathisch auf dem Bett. Für den Betrachter sah es hingegen beinahe so aus, als entspanne sie es, wie ein Stück Vieh benutzt zu werden.

»Ich verstehe nicht.«

Matthias trat auf sie zu. »Doch das tust du. Joachim ist mein Geschäftspartner. Ein Mann mit vielen Talenten. Und er hat immer das Vorrecht, die neuen Kolleginnen als erstes kennenzulernen.«

»Du bist ein Zuhälter?«

Matthias setzte sich auf den Rand des Schreibtischs. »Ich würde mich eher als breit aufgestellten Geschäftsmann bezeichnen.«

»Du hast mich an ihn verkauft? Du glaubst wirklich, dass ich für dich anschaffen gehe?«

Er ging so nah an sie heran, dass sie einen Schritt zurückwich. »Schau dir das Video noch mal an. Du bist bereits eine Nutte. Du liebst es. Wie du da liegst, wie du mitmachst, was Joachim mit dir macht. Freiwillig. Schau noch mal genau hin, wie bereitwillig du die Beine breit machst...« Er machte eine kräftige Pause. »Zugegeben, du bist zwar noch etwas passiv, aber das kriegen wir schon noch hin.« Lüstern-diabolisch streichelte er ihre Brust. Angeekelt schlug sie seine Hand weg.

»Vergiss es, du Dreckschwein. Ich kündige.«

Als sie sich wegdrehen wollte, riss er sie so stark herum, dass sie fast das Gleichgewicht verlor. Seine rechte Hand nahm ihren Kiefer in einen festen Griff.

»Jetzt hör mir mal ganz genau zu: Solange ich dieses Video habe, gehörst du mir. Wenn du nicht willst, dann schicke ich es an deine Familie, vielleicht auch an deinen Ex-Freund. Ich kann es auch auf Facebook hochladen und der ganzen Welt zeigen, dass du eine geborene Nutte bist.«

»Dann veröffentliche das Video doch. Ich werde auf keinen Fall für dich arbeiten.«

Matthias' Stimme war teuflisch. »Ich mache das nicht erst seit gestern. Du bist nicht die Erste, die sich zur Wehr setzt. Du bist nicht die Erste, die glaubt, das sei lediglich eine Bitte. Und Du bist auch nicht die Erste, die sich vollkommen überschätzt. Also pass auf: Wenn ich dir etwas sage, dann machst du es. Wenn ich zum Beispiel sage, dass du einen Schwanz lutschst, dann lutschst du einen Schwanz. Wenn ich sage, dass du deinen Arsch hin hältst, dann hältst du deinen Arsch hin. Und wenn ich dir befehle, die Beine breit zu machen...« Er hielt inne. »Die Anderen haben es getan – und du wirst es auch tun! Wenn nicht... Glaub' mir, du wirst es bereuen.«

»Du kannst mir keine Angst machen.«

»Sicher? Ich kann auch andere Geschütze auffahren, wenn du willst. Wenn wir mit dir fertig sind, bist du bereit, weitaus ekligere Dinge nur für eine Dosis Chrystal oder einen Schuss zu tun.«

Matthias funkelte sie an. Er sah, wie Susanne nachdachte.

»Also?«, fragte er.

Susanne nickte.

Matthias erhöhte seinen Druck auf ihren Kiefer. »Ich kann dich nicht hören.«

»Ok. Ich tu's.«

»Brav.« Er presste seine Finger jetzt so tief in den Kiefer, dass ihr Tränen kamen. Sie versuchte, ihren Blick zu senken, um ihm die Genugtuung nicht zu geben. Als er das bemerkte, lockerte er seinen Griff und schob ihr Kinn nach oben. Mit sanftem Blick sagte er: »Ich weiß, du hattest dir etwas Anderes erhofft, als ich dich gefickt habe. Das bedeutet nicht, dass es so nicht sein kann. Glaub' mir, es ist überhaupt nicht so schlimm, wie du denkst. Die anderen Mädels machen es mittlerweile sehr gerne. Zur Not hab' ich auch das passende Pulver zur Unterstützung für euch. Und ich beschütze euch. Solange ich das tue, wird euch nichts passieren. Und ihr dürft die Hälfte des Geldes behalten.«

Sie war angeekelt. »Du zwingst die Mitarbeiterinnen in deinen Salons dazu, sich für dich zu prostituieren? Das ist doch krank.«

»Oh nein, auf gar keinen Fall. Aus meinen Salons bist du die Einzige, die das tun wird. Du bist meine hübsche kleine Salonstute.«

Seit fünf Tagen wusste Susanne, was Matthias mit ihr vorhatte. Seit fünf Tagen wusste sie, dass sie in eine Falle gelaufen war. Und seit fünf Tagen war sie hin- und hergerissen zwischen Angst, Scham, Wut und Hass. Sie fragte sich, was wohl passieren würde, wenn sie sich wirklich weigerte und Matthias das Video veröffentlichte. Was würden die Menschen denken? Würde der erste Eindruck siegen oder könnte sie die Menschen überzeugen, dass Joachim sie unter Drogen gesetzt hatte?

Aber selbst wenn sie die Menschen überzeugen könnte: Würde sie Matthias überhaupt entkommen? Seine Drohung war eindeutig gewesen. Sollte sie sich weigern, würde er sie unter Drogen setzen, gar abhängig machen. Egal was passierte: Sie wollte auf keinen Fall zu einem abhängigen Junkie werden.

Susanne wartete darauf, was Matthias' nächster Zug sein würde. Er hatte angedeutet, dass sie zu passiv und zu schüchtern für das Geschäft war. Sie stellte sich vor, was die Kunden wohl von ihr erwarten würden und ob sie in der Lage wäre, das Verlangte ohne Drogen zu ertragen. Beim Gedanken an ihr mögliches Aufgabengebiet musste sie feststellen, dass die Vorstellung ihr irgendwie gefiel. Sie liebte Sex und konnte sich auch vorstellen, dass sie an dieser Arbeit auch irgendwann Spaß finden würde. Besser bezahlt war es in jedem Fall.

Ihr Handy klingelte. Als sie abhob, erklärte Matthias ihr, dass sie einen Klienten im Hotel besuchen sollte. Er erläuterte ausführlich, welche Vorstellungen der ‚Gast' und welche Abläufe sie zu beachten hatte.

Nachdem sie aufgelegt hatte, begann sie damit, sich herzurichten. Matthias hatte ihr ein paar Anweisungen gegeben, ließ ihr im Wesentlichen jedoch freie Hand. Wichtig war, dass der Gast zufrieden war. Also tat Susanne so, als wäre es ein echtes Date. Sie rasierte sich an den wichtigen Stellen, machte sich die Nägel und Haare. Außerdem legte sie ein dezentes Make-Up auf. Dann zog sie ihre neuen Dessous an, die Matthias ihr zum Einstieg spendiert hatte. Darüber trug sie ein langes schwarzes Kleid mit passenden hochhackigen Schuhen.

Sie fuhr mit dem Taxi zur angegebenen Adresse. Dort angekommen nahm sie den Fahrstuhl in den vierten Stock. Als sie vor der Zimmertür stand, raste ihr Herz vor Nervosität. Sie hatte Angst und war aufgeregt zugleich.

Nach dem dritten Klopfen öffnete sich die Tür. Es war Joachim.

Brutal drang er in sie ein. Der Schmerz, der sie durchfuhr, öffnete ein Tor zu den Erinnerungen, die bisher gänzlich verborgen geblieben waren. Mit einem Mal lichtete sich der Nebel und die Bilder ihrer ersten Erfahrung mit Joachim kehrten zurück an die Oberfläche. Jede seiner Bewegungen, jede Berührung, jedes einzelne Wort... alles war plötzlich wieder da. Doch diesmal war es anders. Diesmal war Joachim brutal und verlangte Abartiges von ihr.

»Hör auf. Ich will das nicht«, rief sie.

»Ja, genau. Wehr' dich.« Seine Lust wurde durch ihre Gegenwehr nur noch größer.

Sie wollte ihn schlagen, doch als sie ausholte, griff er ihre Handgelenke und presste sie tief in die Matratze.

»Das treibe ich dir noch aus.« Er lachte abfällig. »Beim ersten Mal habe ich dich auf den Geschmack gebracht, jetzt wirst du marktreif gemacht.«

Susanne schrie nach Hilfe.

»Schhhhhh.« Er stoppte seine Penetration und zeigte ihr mit dem Finger an, dass sie ruhig sein sollte. »Ich will dir nicht weh tun, aber mir bleibt sonst keine andere Wahl.« Er deutete auf den Nachtisch, auf dem ein Knebel und ein Seil lagen. Daneben stand eine Glasampulle mit einem weißen, kristallinen Pulver.

»Warum tust du das?«, fragte Susanne vollkommen ruhig.

»Ja, genau. Warum tust du das?«

Erschrocken drehte sich Joachim zum Ursprung der Stimme um. Das Zimmermädchen stand nur wenige Schritte von ihm entfernt und hatte eine Pistole auf ihn gerichtet. Sie sah, wie er im Kopf seine Handlungsoptionen durchging.

»Los, mach nur. Eine falsche Bewegung und ich puste dir den Schädel weg. Ich hätte so sehr Lust dazu, als bitte gib mir einen Grund.«

Joachims Verachtung stand ihm ins Gesicht geschrieben. »Das wird dir Leid tun!«

»Das bezweifle ich«, antwortete das Zimmermädchen. »Und jetzt runter von ihr.«

Sekunden später stürmten drei Polizeibeamte das Zimmer, packten Joachim und führten ihn im Bademantel ab. Die Frau setzte sich zu Susanne und bedeckte ihre Nacktheit.

»Wie geht es ihnen?«

»Wer sind sie?«, fragte Susanne zurück.

»Ich heiße Janine Ritter und arbeite als verdeckte Ermittlerin. Joachim Decker ist... Joachim Decker war mein Chef.«

Susanne war überrascht. »Joachim ist Polizist?«

»Polizeipräsident um genau zu sein. Verrückt, oder? Er soll Menschen beschützen und die Ordnung in unserer Gesellschaft sicherstellen und dann ist er es, der sich nicht an die Regeln hält.«

Susanne verzog keine Miene. »Woher wussten sie...?«

»Ich bekam einen Tipp, dass einige hochrangige Beamte in meinem Revier nicht nach den Regeln spielen. Also begann ich auf eigene Faust zu ermitteln.«

Susanne stieg unter der Decke hervor. Bis auf die halterlosen Strümpfe war sie nackt. Sie suchte ihre Sachen zusammen und begann damit, sich anzuziehen.

Janine Ritter wartete vor der Tür, als Susanne die Zimmertür hinter sich zuzog.

»Wie geht es ihnen?«, fragte sie erneut.

»Gut. Genau ein vor ein paar Minuten.«

Susanne ging in Richtung der Fahrstühle, Janine Ritter folgte ihr.

»Durch Joachims Festnahme können wir jetzt auch Matthias Mann das Handwerk legen.«

Während sie auf den Fahrstuhl warteten, wollte Susanne wissen, was Matthias Mann und Joachim Decker miteinander zu tun hatten. Ritter berichtete, dass der Polizeipräsident Matthias' illegale Geschäfte um Drogen und Prostitution gedeckt hatte. Über einen langen Zeitraum hatte sich anscheinend eine einträgliche Geschäftsbeziehung etabliert, die Joachim Decker diverse Vorzüge einbrachte.

»Zum Beispiel das Recht der ersten Nacht«, murmelte Susanne.

»Die Frisörkette diente letztlich nur als Tarnung für seine Geschäfte und zur Akquise für seine wohlhabenden Kunden. Während meinen Ermittlungen fand ich auch heraus, dass er sowohl die Frauen als auch seine Kunden erpresst hat.«

Die Fahrstuhltür öffnete sich. Sie traten ein und drückten den Knopf für die Lobby. Nachdem sich die Türen geschlossen hatten, fragte Ritter: »Werden Sie mir helfen, Matthias Mann das Handwerk zu legen?«

Entgeistert schaute Susanne sie an. »Matthias geht dann ins Gefängnis und Joachim geht ins Gefängnis. Und was passiert mit den Frauen, deren Leben die beiden zerstört haben?«

»Ich verstehe ihre Wut. Die beiden haben die Regeln gebrochen, dafür werden sie bestraft werden, das verspreche ich ihnen. Aber nur mit ihrer Aussage bringen wir die beiden für lange Zeit hinter Gitter.«

Susanne lachte ungläubig. »Verzeihung, aber mein Vertrauen in die Polizei ist in diesem Moment ziemlich erschöpft. Schließlich konnte Joachim jahrelang unbemerkt so agieren. Ganz zu schweigen davon, dass noch unklar ist, ob auch andere Polizisten daran beteiligt sind.«

Ritter schwieg. Sie wusste nicht, was sie darauf antworten sollte. Als der Fahrstuhl stoppte, sagte Susanne: »Ok, ich werde ihnen helfen, ihn einzubuchten – auch wenn mir das nicht genug ist.« Susanne trat aus dem Aufzug heraus und ging in Richtung Ausgang. Janine Ritter hielt sie zurück. »Frau Wiek, es gibt eine staatliche Ordnung, an die muss sich Jeder halten. Joachim Decker hat diese Ordnung gebrochen und dafür wird er mit aller Härte des Gesetzes bestraft werden. Genau wie Matthias Mann. Wir dürfen nicht zurück in die Zeiten verfallen, in denen das Recht des Stärkeren über richtig oder falsch in unserer Gesellschaft entscheidet. Versprechen Sie mir bitte, keine Dummheiten zu machen.«

Ohne ein Wort zu sagen, verließ Susanne das Hotel.

In der Zwischenzeit hatte Susanne ihr Leben wieder im Griff. Sie half der Polizei und der Staatsanwaltschaft bei den Ermittlungen. Im Gegenzug unterstützte Janine Ritter sie dabei, sich selbstständig zu machen und ein paar von Matthias Salons zu übernehmen, nachdem dieser verhaftet wurde.

Und das Geschäft lief gut. Susanne hatte lange überlegt, wie sie sich neu aufstellen wollte, dann jedoch festgestellt, dass Matthias sehr erfolgreich gewesen war. Sie entschied sich, das Geschäftsmodell bis auf die Drogen und die erzwungene Prostitution zu übernehmen. Die exklusiven Kunden wussten es zu schätzen, auf diskrete Weise eine attraktive Abendbegleitung quasi nebenbei zu buchen. Und weil das Geschäft auf Freiwilligkeit basierte, fanden sich einige Frauen, die bereit waren, Susannes besondere Dienstleistungen anzubieten.

Eigentlich lief also alles nach Plan. Für Susanne gab es nur noch eine Sache zu erledigen.

Der schwere Schlüsselbund des Vollzugsbeamten schlug gegen die Tür, als dieser sie öffnete. Matthias Mann lag auf seinem Bett und las ein Buch.

»Post für dich«, rief der Vollzugsbeamte und schmiss ihm den Umschlag auf den Tisch. Dann schloss er die Zelle wieder ab.

Matthias legte das Buch beiseite und betrachtete seine winzige Zelle. Auf knapp acht Quadratmetern waren neben seinem Bett auch ein Tisch mit Stuhl, ein Schrank, eine Kloschüssel und ein Waschbecken untergebracht. Außerdem gönnte er sich den Luxus eines Fernsehers, der - anders als das Radio - extra kostete.

Er erhob sich von seinem Bett und ging zum Tisch. Er betrachtete den Umschlag. Kein Absender. Er öffnete den Brief und las darin.

Hallo Matthias,
während du dich vermutlich langsam an dein neues Leben gewöhnst, habe ich damit begonnen, meins neu zu ordnen. Die Polizistin, die dich ins Gefängnis gebracht hat, hat mir neue Kraft

gegeben, neue Perspektiven eröffnet. Und sie hat mir gezeigt, dass das, was du mir angetan hast, mich nur noch stärker gemacht hat. Durch sie konnte ich deine Salons übernehmen und deine Geschäftskontakte für meinen Erfolg nutzen. Durch dich bin ich also endgültig zu der Person geworden, die ich immer sein wollte. Vielen Dank dafür!

Ich weiß, dein Prozess nähert sich dem Urteil und du bist sicher schon ganz aufgeregt, was wohl passieren wird. Mir ist das mittlerweile egal. Von mir aus kannst du im Knast verrotten – oder eben nicht. Es macht auch keinen Unterschied, denn falls du tatsächlich irgendwann rauskommen solltest, hast du keine Chance mehr, auch nur einen Fuß auf den Boden zu kriegen. Dein Leben ist zerstört, dafür habe ich gesorgt. Und du kannst dir sicher sein, dass die Zeit im Knast die Hölle auf Erden sein wird. Genieß' die Zeit doch einfach genauso, wie du es genossen hast, uns zu bestrafen, uns zu drohen und uns zu erpressen, damit wir für dich anschaffen gehen. Wir werden jedenfalls in vollen Zügen genießen, dass du genauso leiden wirst, wie wir gelitten haben.

Sei dir sicher: Alles, was du bisher dort erlebt hast, war erst ein Anfang. Es wird noch schlimmer. Viel schlimmer. Und bald wirst du wünschen, endlich sterben zu dürfen.

Gezeichnet,
Die Salonstute

Er fragte sich, ob er den Brief eher als Drohung oder als Warnung zu verstehen hatte. Was es auch war, er hatte seine Wirkung nicht verfehlt. Matthias litt unter Albträumen und bei jedem Geräusch zuckte er zusammen. Er war so nervös, dass er sich regelmäßig umdrehte, um sicher zu gehen, dass er nicht verfolgt wurde. Matthias hatte gehört, dass es im Gefängnis eine Hierarchie gab und dass die Zugehörigkeit zur richtigen Kaste über Leben und Tod entscheiden konnte. Er besaß zwar noch immer gute Beziehungen in die Drogenszene, allerdings waren viele seiner Mitinsassen ehemalige Konkurrenten mit Verbindungen zu osteuropäischen Banden, Rockerclubs oder anderen harten Jungs, die innerlich jubelten, es ihm nun heimzahlen zu können. Und die ersten Attacken hatte er bereits ertragen müssen: Erst gestern hatte seine Mahlzeit aus einer toten Ratte und einem Glas Urin bestanden.

Der Vollzugsbeamte holte ihn pünktlich aus seiner Zelle ab und geleitete ihn zum Duschraum. Anders als in vielen anderen Gefängnissen ließen die baulichen Gegebenheiten dieser Anstalt nur zwei Duschtage pro Häftling in der Woche zu.

»Ich warte draußen«, sagte der Beamte. Weil die Urteilsverkündung auf morgen terminiert war, durfte Matthias den Duschraum traditionell alleine nutzen.

Matthias zog sich aus und stellte sich unter den heißen Strahl. Das Wasser, das von oben auf seinen Kopf prasselte, war wie eine Wohltat. Er schloss die Augen und spürte das Wasser, das seinen Körper entlang rann.

Er entspannte sich und fühlte sich frei. In seinen Gedanken befand er sich weit entfernt auf einer tropischen Insel inmitten eines sommerlichen Gewitters. In der Ferne sah er das stürmische Meer über dem es blitzte und donnerte. Er rannte den Strand entlang in Richtung der Bambushütte, die seine Rettung sein würde. Darin, so malte er sich aus, wartete eine asiatische Schönheit auf ihn, die bereit war, ihm auf jede erdenkliche Art zu dienen. Auch wenn er wusste, dass es nur Fiktion war, es war ihm egal. In diesem Moment fühlte er sich frei und hoffte darauf, diese Fantasie bald Wirklichkeit werden zu lassen. Vielleicht schon morgen.

Ein höllischer Schmerz ließ ihn nach Luft schnappen, doch es gelang ihm nicht. Er riss die Augen auf und erblickte einen bulligen Glatzkopf. Matthias wollte nach Hilfe schreien, doch der Mann riss ihn herum und nahm ihn in den Schwitzkasten. Matthias nahm alle Kraft zusammen und wehrte sich, doch sein Killer war stärker. Hinzu kam, dass der Boden rutschig und sein Körper vom Schmerz geschwächt war.

Aus dem Augenwinkel sah er das Jagdmesser. Die Klinge war blutverschmiert. Erst jetzt bemerkte Matthias das Blut an den Wänden. In diesem Moment rammte ihn sein Mörder das Messer mehrere Male in den Bauch. Im Vergleich zum ersten Schmerz war dieser vergleichsweise erträglich.

Matthias blickte nach unten und sah, wie sich sein Blut im Abfluss mit dem Wasser vermischte.

Durchflutet von nie da gewesenen Schmerzen glaubte er, das Bewusstsein zu verlieren. In diesem Moment lockerte sich der Griff seines Peinigers.

»Los, auf die Knie!«

Erschöpft gab Matthias nach. Als er die Wunden an seinem Körper betrachtete, sah er, wie das Blut schubweise herausquoll.

Und er bemerkte eine weitere Sache: Auf den nassen Fliesen lag ein totes, blutverschmiertes Stück Fleisch. Es war sein eigener Penis.

»Los, nimm ihn in den Mund«, herrschte ihn die tiefe Männerstimme an.

Der Schmerz war unerträglich, doch der Gedanke daran, dass er seinen eigenen Penis essen sollte, ließen ihn erschaudern. Er dachte an den Brief. In diesem Moment hoffte er tatsächlich, dass es er bald sterben dürfe.

Matthias Mann hob seinen sauber abgetrennten Penis vom schmutzigen Boden der Dusche auf und öffnete seinen Mund. Als der Mörder ihm die Kehle durchschnitt, klatschte erst sein Penis und dann sein lebloser Körper auf den Boden.

Zeitfracht Medien GmbH
Ferdinand-Jühlke-Straße 7
99095 Erfurt, Deutschland
produktsicherheit@kolibri360.de